フィラデルフィアの宗教とその社会

日系アメリカ人キリスト教徒の物語を中心にして

川上 周三
KAWAKAMI Shuzo

専修大学出版局

序　文

　本書は、アメリカ合衆国フィラデルフィア市の自由で寛容な歴史風土を背景にした日系アメリカ人キリスト教徒の物語を描いた歴史社会学の論文である。

　1章では、日系アメリカ人キリスト教の宗教的エートスを追究することを本論文の目的として設定した。筆者は、これまで日本のピューリタンの実践思想を研究してきたので、その研究との継続性を考慮し、フィラデルフィアの日系長老キリスト教会を研究対象に選定した。研究方法は、マックス・ヴェーバーの歴史社会学的方法とその現代版であるゲルト・タイセンの宗教社会学的方法を組み合わせて用いている。それにより、宗教思想や説教が信徒の社会生活に与える影響及び社会生活が宗教集団やその集団の宗教思想に与える影響にアプローチしている。この目的を達成するため、フィラデルフィアの歴史とその社会・フィラデルフィアと日系人との関係史・フィラデルフィアの宗教事情・フィラデルフィアの日系人キリスト教会を研究課題として設定した。

　2章のフィラデルフィアの歴史とその社会では、フィラデルフィアの沿革史と人口・産業・教育・文化について論じた。沿革史では、特に、クエーカー教徒のウィリアム・ペンの宗教思想とその植民と都市計画、アメリカ独立宣言及び独立戦争とその立役者であるベンジャミン・フランクリンやジョージ・ワシントンやトマス・ジェファソンや、奴隷解放を成し遂げたアブラハム・リンカーンについて論じた。社会では、フィラデルフィア一般の人口・産業・教育・文化と日系人の人口・シーブルック農産物加工工場での日系人労働・日本語補習授業校や日米協会や日本人会について論じた。産業では、特に、フィラデルフィアのシンボル産業である製薬企業やバイオ産業のような生命科学関連企業について論じた。

3章のフィラデルフィアと日系人との関係史では、フィラデルフィアで建造されたペリー提督の黒船艦隊・岩倉欧米使節団・日本政府のアメリカ独立百年記念博覧会への参加・新渡戸稲造や内村鑑三や野口英世とフィラデルフィアとの関係・日系人収容所入所とその解放後のニュージャージー州のシーブルック農産物加工工場での日系人労働体験と日本人コミュニティ形成やシーブルックからフィラデルフィアへの日系人の移住・日米協会とその協会主催の桜祭りや健康科学シンポジウム等の行事について論じた。

　4章のフィラデルフィアの宗教事情では、フィラデルフィアの宗教集団数・その地域的特性や社会的特性・その宗派的配分と宗派数・宗教集団の地理的位置・店先の教会と大教会の地域的配置及びその礼拝所の特徴やその会員の住居と礼拝所の地理的配置関係・宗教集団の周囲の社会問題を論じている。フィラデルフィアの現在の活動的な宗教集団数は、2,120である。フィラデルフィア全体では、1,392の宗教集団の中に181の異なった宗派があり、平均すると、1宗派に8の宗教集団が存在していることになる。フィラデルフィアで最も多くの宗教集団を持っている宗派は、ローマカトリック教会で、第2位は、長老教会、第3位は、ナショナルバプテスト教会と南部バプテスト教会となっている。バプテスト教会は、その他に、第6位のアメリカンバプテスト教会や第10位の進歩的ナショナルバプテスト教会や単立バプテスト教会等がある。これらのバプテスト教会は、20の異なった宗派に分かれ、市全体の23％を占めている。第4位は、ユナイテッドメソジスト教会、第5位は、監督教会（エピスコパル教会）、第7位は、アメリカ福音ルター派教会、第8位は、キリストの教会、第9位は、アフリカンメソジスト監督教会となっている。その他に、単立のキリスト教系集団とイスラムのモスク・ユダヤ教のシナゴーグ・仏教集団・非ユダヤ非キリスト教系のアジアの宗教集団・アフリカ宗教系の宗教集団の非キリスト教系集団がある。

ところで、宗教集団の地理的配置には、どのような特徴があるのだろうか。世俗の非営利組織が主要な高速道路に近接した地域に配置されているのに対し、宗教集団は、フィラデルフィア地域全体に配置されている。この点が、宗教集団の地理的配置の特徴である。宗教集団には、店先の教会と大教会とがある。前者は、会員数が少ないこと・小規模の予算・尖塔や大規模の礼拝所の欠如という特徴を持っている。前者は、小売店や問屋等の店舗や住居を模様替えして、そこで礼拝を行っている。後者は、会員数が1,000人規模で、年間予算が50万ドルに達し、充分な規模の建物を所有し、大会堂で礼拝を行っている教会である。前者は、あらゆる人がアクセス可能な主要な道路の近辺にあり、世帯の収入が2万ドル未満の低収入の住民が住む地域に存在している。後者は、居住者の収入や人種の別とは関係なく、フィラデルフィア市の全域に配置されている。礼拝に参加する人々の居住地域を距離を指標に分類すると、居住者の住む地域に隣接する宗教集団・通勤圏内にある宗教集団に分けられる。通勤圏内にある宗教集団は、市内の通勤圏内にある宗教集団と郊外の通勤圏内にある宗教集団に分けられる。市内の通勤圏内にある宗教集団は、比較的若い年齢層の人達の比率が最も高く、65歳以上の人達の比率が最も低いのである。居住者の住む地域に隣接した宗教集団と比べると、低収入の会員の比率が比較的少ないが、郊外の通勤圏内にある宗教集団と比べると、貧しい会員が格段に多いのである。郊外の通勤圏内にある宗教集団は、貧しい会員の比率が最も低く、たいていの会員は、家族の収入が75,000ドル以上である。宗教集団は、フィラデルフィア市中に満遍なく存在しているので、多くの宗教集団は都市の荒廃がもたらす社会問題に直面している。そこで起こっている主要な社会問題は、失業・公教育の質の問題・10代の妊娠・エイズ・住宅問題・公害・ギャングによる暴力の問題・リクレーションの機会の欠如である。これらの社会問題は、たいていの場合、単独ではなく、一緒に随伴して起こっているのである。

5章では、フィラデルフィアの日系人キリスト教会について論じている。フィラデルフィアの日系人キリスト教会には、64年の歴史を持つフィラデルフィア日本人キリスト教会と2000年に発足したブリンマー日本語キリスト教会がある。まず最初に、日系人の占める比率・年齢層・宗派の特性・教会政治・宗教指導者の国籍・会員数と予算規模・会員の居住地域と宗教集団との距離の7つの指標に基づき、2教会の概要を述べている。前者の教会は、礼拝出席者が現在ほとんど日系人によって占められている教会であり、年齢層では、高齢者が多い教会である。思想的には、自由主義的で改革主義的な教会の潮流に属している。教会政治では、信徒中心的な教会である。宗教指導者については、日系人の牧師が説教や聖礼典等の牧会活動を行っている。後者の教会は、日本人がやや多いが、それ以外の人々も相当数出席している教会である。年齢層では、若い人が多い教会である。思想的には、保守的で伝統的な教会である。教会政治は、牧師中心的な教会である。宗教指導者については、韓国人の牧師が説教や聖礼典等の牧会活動を行っている。会員数や予算規模から見ると、両教会とも店先の教会に該当する。宗教集団と会員の居住地域との距離的関係で見ると、前者は、市内の地域の通勤圏内にある出席者もいるが、郊外の通勤圏内にある出席者の方が多い教会である。後者は、郊外にある通勤圏内にある出席者が大半を占める教会である。両教会とも、フィラデルフィア郊外にある教会であることが、この傾向性を助長している。次に、前者の教会の思想的系譜の神学校であるプリンストン神学校の自由主義的で改革的な特徴と、後者の教会の思想的系譜の神学校であるウエストミンスター神学校の保守的で伝統的な特徴について論じた。その後、本論の基軸である日本人教会と日本語教会を比較歴史社会学的方法を用いて論述している。日本人教会では、先ず、宗教指導者である牧師に焦点を当てて、牧師中心的視点から、日本人教会の概要と歴史について述べている。そこで、明らかになったことは、この教会は、その出発点から超教会的でエキュメニカルな

傾向が強いという点である。このことは、カトリックからプロテスタントと色々な宗派の人達が信徒達の中にいた点や牧師達もメソジスト教会や長老教会の出身というように、一宗派に偏っていないという点によく現れている。

次に社会生活が教会に与える影響を、社会経済的側面・社会政治的側面・社会文化的側面・社会生態的側面に分けて検討している。社会経済的側面では、教会財政の要である教会員の出自と会員数の変遷に着目して分析を行っている。特に日系人1世の語りを中心にして、その出自の特徴を追究している。その特徴は、第2次大戦時に収容所に入れられ、それが契機となって西海岸から東部のフィラデルフィアに移住した人や収容所から解放後、ニュージャージー州のシーブルック農産物加工工場で働き、その後でフィラデルフィアに移住した人が多い点である。また、収容所行きの列車や収容所入所後に、隣人愛的活動を行っていた平和主義者のクエーカー教徒達にサポートされた体験を語っている点も見逃せない特徴なのである。彼らは、直接的には、自分たちの子供達が住んでいるので、フィラデルフィアに移住してきたのであるが、間接的には、クエーカー教徒のお膝元であるフィラデルフィアが、クエーカー教徒に助けられた戦時体験もあって、日系人にとって住みやすい場所であると考えたからでもある。社会政治的側面では、会員数の変遷と教会の運営組織の変化との関係に着目して分析を行った。それは、島田牧師の後半期から藤田牧師の時代で、バブル経済の時である。1989年に、長老会制度の他に執事会制度を新たに導入している。これは、この時に、教会員数が急に増えたために、それに対応するため、教会運営組織の変更が必要になったためである。社会文化的側面では、思想的寛容の精神に富むクエーカー的思想風土の影響やアメリカの行事の教会行事への採用や教会の礼拝における日米両語の併用や年齢層に対応した礼拝形式について論じている。社会生態的側面では、特に、市内よりも治安と子女のための教育条件が良い郊外に、日本人

が多く居住しているため、日本人教会や日本語教会が郊外に設置されている点や2000年に同じ宗派のブリンマー日本語教会というライバル教会が郊外に発足した点が検討されている。

　その後、宗教思想が説教や信徒に与える影響について論じている。ここでは、年齢層に訴える説教や自由で型に嵌らない説教やカルヴァン派に特有な説教が行われているのが、その特徴である。また、信徒中心的牧会の日本人教会、牧師中心的牧会の日本語教会という特徴もある。日本人教会では、幅の広い年齢層の信徒がいた島田牧師の時に、肉体的及び精神的癒しが強調されてきた経緯もあり、現在の柴川牧師も癒しを強調している。唯、現在は、高齢者が多いので、そうした点を考慮した癒しの説教が行われている。日本語教会では、出エジプトのようなグローバルな視野の説教が行われている。これは、野心に富む若者の心に訴える力を持つ説教である。日本人教会では、自由で新しい視点に立った型に嵌らない説教が行われている。これは、円熟期の中高年齢者のニーズに合った説教である。日本人教会では、牧師の説教の他に信徒による奨励が行われている。これは、時事放談に近い話が多く、これも中高年齢層の欲求を満足させるものとなっている。また、日本人教会では、「救われる人」と「滅びる人」というカルヴァンの「二重予定説」を連想させる説教が行われている。日本語教会では、信仰に基づく行為実践や自己を神の道具と見なす点や復讐は神に委ね、復讐しないで恨みに対して徳で応える点が強調されている。これらの点は、カルヴァン派やピューリタンに特有の傾向性なのである。年齢層に対応しているとは言え、両教会の牧師の思想に基づく説教が信徒に与える影響の一端がここに良く現れているのである。ブリンマー日本語教会は、李起変牧師が2000年に創立した教会である。創立年数がまだ浅いので、ブリンマー長老教会に所属する形で伝道が行われている。現在は、牧師を助け、伝道を行う力のある信徒を養成するため、信徒訓練に力を入れている。信徒に、若い人や若夫婦が多いので、子供のための教会学校や

保育が行われている。国際結婚組が多いので、説教は日本語で行われているが、英語の同時通訳も行われている。信徒の中には、短期滞在者がいるので、日本に帰国する者も多く、出入りの激しい教会である。国際結婚をしている永住組に伝道し、安定的な信徒数を獲得するのが今後の課題である。現在、この課題を達成するため、教会からかなり遠方にあるランカスター伝道に取り組んでいるところである。

　フィラデルフィア日本語補習授業校と両教会の関係は、両教会の子弟が日本語学校の卒業生や在校生である点及び両教会の教会員がこの学校の校長に就任したり、現在の父母会会長や業務委員長を務めており、そういうやり方で、この日本語補習授業校の運営に参加している点にある。現在、フレンズスクールで授業を行っているが、かつては、現在の日本人教会で授業が行われ、また、その事務所もこの教会に置かれていたのである。このように、歴史的経緯と現在の参加協力体制により、フィラデルフィア日本語補習授業校と両教会は、緊密な関係を保っているのである。

　以上のように、フィラデルフィアの二つの日系人キリスト教会は、フィラデルフィアの思想風土や地域性やアメリカ文化の影響を受けながら、それぞれ独自のエートスを形成してきているのである。両教会は、今後も、新たな視点を取り入れながら、さらなる発展を遂げていくと考えられる。

　筆者は、2008年度に専修大学より、1年間在外研究の機会を与えられ、アメリカ合衆国フィラデルフィア市にあるペンシルヴェニア大学社会学科で在外研究を行ってきた。本著は、その在外研究の成果である。在外研究の機会を与えて頂いた専修大学に、厚く御礼申し上げる。

　本書が公刊可能となったのは、専修大学の他に、多くの方々の御力添えと御協力があったからである。在外研究の助言を与えて下さった関西学院大学の師、春名純人先生、筆者にオーストラリアの社会学者ブルース・ウィアン先生を御紹介下さった村田充八先生、筆者の留学願いや履歴書の添削等で大変お世話になったブルース・ウィアン先生、推薦文もなく、ま

た、研究交流もしたことがなかったのに、客員研究員としての受け入れを許可して下さったペンシルヴェニア大学のランドル・コリンズ先生、筆者が留学する前年度からペンシルヴェニア大学社会学科に留学しておられ、フィラデルフィアについての貴重な情報やフィラデルフィアの日系人の御紹介等、留学についての便宜を与えて下さった都市人類学者の有里典三先生御夫妻、フィラデルフィア郊外にある二つの日系人キリスト教会とフィラデルフィア市内にある Tenth Presbyterian Church を御紹介下さったワシントン日本人教会の上原　隆牧師先生、フィラデルフィアの宗教施設を御案内して下さった中田久乃様、調査に御協力頂いたフィラデルフィア日本人キリスト教会の柴川秀夫牧師先生、同日本人教会の長老の大塚隆英様や田原　実様、同婦人会の高島　幸様、ハント仁子様、樋口道子様、ホワイト千枝子様、ブリンマー日本語キリスト教会の李起変牧師先生、フィラデルフィア日米協会専務理事のチューニー美様、フィラデルフィア日本語補習授業校校長の高山芳文先生、ウエストミンスター神学校を御案内かたがたその経緯や思想についての御説明を頂いた児玉　剛牧師先生、プリンストン神学校の御案内とその沿革史や現状についての御説明をして下さった加藤喜之神学生、フィラデルフィアのクエーカー派の集会の御案内やその宗派についての御説明をして下さったハバフォード大学の小池代子先生に、この場をお借りして、深甚の謝意を捧げる次第である。

　なお、本書が刊行の日を迎えることができたのは、平成22年度専修大学図書刊行助成の御陰である。この機会を与えて頂いた専修大学に対し心から御礼申し上げる。

　専修大学出版局の笹岡五郎様には、本書の出版に際し、御尽力頂いた。擱筆するにあたり、ここに、深謝申し上げる。

2010年　仲春

著者

目 次

序 文 i

第1章 序 3

第2章 フィラデルフィアの歴史とその社会 7

  (1) フィラデルフィアの歴史 7
    ウィリアム・ペンの植民理念と植民計画 8
    アメリカ独立戦争と国家の設立 18
    南北戦争とその後の産業発展 23
  (2) フィラデルフィアの社会 26
    人口と人種 26
    産業 30
    教育・文化・日系人組織 33

第3章 フィラデルフィアと日系人との関係史 35

  (1) 幕末・明治の日本とフィラデルフィアとの関係史 35
    ペリー提督 35
    岩倉欧米使節団 38
    アメリカ独立100年記念万国博覧会 40
  (2) フィラデルフィアに渡った日本人留学生　津田梅子と河井道子 44

　　　　新渡戸稲造と野口英世　46
　　（3）日系移民とフィラデルフィアとの関係史、フィラデルフィア
　　　　在住の初期日系移民　50
　　　　シーブルックの日系人コミュニティとフィラデルフィア日系市民協会
　　　　51
　　　　フィラデルフィア日米協会　55

第4章　フィラデルフィアの宗教事情　59

　　（1）宗教的自由精神の町フィラデルフィア　59
　　（2）フィラデルフィアの宗教集団数　63
　　（3）宗教集団の地理的配置とその意味　68
　　（4）店先の宗教集団と大宗教集団　70
　　（5）居住圏内の宗教集団と通勤圏内の宗教集団　74
　　（6）宗教集団の礼拝数と集会数　75
　　（7）宗教集団とその周囲の社会問題　77

第5章　フィラデルフィアの日系人キリスト教会　81

　　（1）指標に基づく日系人キリスト教会の特徴　81
　　（2）プリンストン神学校とウエストミンスター神学校　83
　　（3）フィラデルフィアの日系人キリスト教会　88
　　　フィラデルフィア日本人キリスト教会の歴史と概要　89
　　　ブリンマー日本語キリスト教会の歴史と概要　106
　　（4）社会生活が教会に与える影響　115
　　　社会経済的側面　115

社会政治的側面　125

　　社会文化的側面　135

　　社会生態的側面　139

 (5) 宗教思想や説教が信徒に与える影響　140

 (6) フィラデルフィア日本語補習授業校との関係　150

第6章　結び　177

参考文献　185

フィラデルフィアの宗教とその社会

―日系アメリカ人キリスト教徒の物語を中心にして―

第1章　序

　本書は、アメリカ合衆国における日系アメリカ人の宗教思想とその実践的行動の軌跡を追究した歴史社会学の論文である。本書では、宗教指導者の思想がその信徒の実践行動に与える影響及び社会が宗教集団に与える影響の両側面からアプローチすることにより、この目的を達成することに努めている。マックス・ヴェーバーの言葉を借りるならば、本書は、宗教的エートスを把握することを目的としている。エートスとは、ヴェーバーによれば、宗教思想が人間の心を捉え、人間を行為へと駆り立てる行為への「実践的起動力」になったもののことである。(Max Weber, 1920, S.238.) 筆者は、これまでに、「浅草の宗教とその社会」や「賀川豊彦の思想とその実践およびその現代的展開」や「ピューリタンの社会思想家の比較研究」等で、このエートスに着目した研究を行ってきている。本書も、このエートスを扱っているが、今回の特徴は、アメリカ合衆国という地で行ったエートス研究であり、これまでのエートス研究に、グローバル性を付け加えた点にある。これにより、これまでのエートス研究をより広域的に発展させ、ローカル性とグローバル性を同時に併せ持った「グローカル」なエートス論を構築することを目指している。
　本書の目的を達成するため、アメリカ合衆国東部のフィラデルフィア市にある日系人のキリスト教会を中心的研究対象として定め、その宗教思想とその実践的行動の軌跡を探求することにした。本書が研究対象にしたキリスト教会は、アメリカ長老教会所属のピューリタン系の日系人教会である。これを研究対象にした理由は、筆者がこれまで、ピューリタン系の

エートスを中心軸として研究を行ってきているので、これまでの研究との継続性を考慮しながら、その研究をより広域的に深化させたいと考えたからである。また、日系人長老キリスト教会を研究対象にしたのは、これまで主に研究対象にしてきたのが、長老キリスト教会の思想を色濃く受けた日本におけるキリスト教会であったためである。

地域として、アメリカ長老キリスト教会の指導者を養成する代表的な神学校が近隣にあるフィラデルフィア市を選び、その中の日系人長老キリスト教会を対象に選定した。アメリカ東部は、ピューリタンのお膝元であり、中でも、フィラデルフィア市は、その自由な思想風土により、多くの宗教が密集し、ピューリタン系の教会も多数存在する地域であるため、本研究をするのに適合的な地域であると考えた。ここで言うピューリタンとは、質素・倹約・勤勉を旨とし、これに反する世俗的欲望を抑えて世俗内的禁欲を貫くキリスト教のプロテスタント諸宗派のことである。

以上の理由により、日系人長老キリスト教会を研究対象にし、研究地域として、フィラデルフィア市を中心地域に定めた。データは、文献収集法・聞き取り調査法・参与観察法・インターネット検索法により収集した。研究方法としては、歴史法・比較法・社会学的分析法を総合した比較歴史社会学的方法を採用している。ここで言う比較歴史社会学的方法とは、マックス・ヴェーバーの理解社会学に基づく比較歴史社会学的方法とその現代版であるゲルト・タイセンの宗教社会学的方法のことである。宗教指導者の思想がその信徒の社会生活に与える影響を具体的に分析するために、ヴェーバーの理解社会学を基盤にした比較歴史社会学的方法を用いることにする。また、社会が宗教集団やその思想に与える影響を分析するために、ヴェーバーの比較歴史社会学的方法やタイセンによる社会経済的・社会生態的・社会文化的・社会政治的規定性の分析法を用いることにする。この他に、宗教集団の特徴付けを行うため、ラム・A・クナーンの「店先の教会と大教会」や「徒歩圏内にある教会」、「市内の通勤圏内にあ

る教会」及び「郊外の通勤圏内にある教会」の宗教類型概念を用いることにする。これによって、思想と社会との双方向的分析を行ない、日系アメリカ人キリスト教会のエートスのダイナミックな実相に迫ることにする。上記の比較歴史社会学的方法とは、この方法のことである。上記の研究対象と研究地域を踏まえ、本書の研究目的を達成するため、以下のような章別構成を取ることにした。

　1章では、本書の目的・データ収集法と本書の研究方法・研究対象や研究地域を踏まえた論文構成について述べ、次に、2章では、フィラデルフィアの歴史とその社会の概要について論じ、3章では、フィラデルフィアと日系人の関係史について、主要なものを取り上げて論じる。4章では、フィラデルフィアの宗教事情として、諸宗教を取り上げ、特に、キリスト教について詳しく論じる。5章では、本書の中心対象であるフィラデルフィアの日系人キリスト教会について論じる。章を6節に分け、その指導者養成機関である神学校・フィラデルフィア日本人キリスト教会・ブリンマー日本語キリスト教会・フィラデルフィア日本語補習授業校と上記二つの日系キリスト教会との関係の順で論述を行う。特に、研究の中心対象である日本人キリスト教会について詳しく論じる。最終章の6章の結びでは、それまでの論議をまとめ、結論を述べて、結びとする。

　では、以下、これについて述べていこう。

第2章　フィラデルフィアの歴史とその社会

(1) フィラデルフィアの歴史

　1638年に、スウェーデン人とフィンランド人が先住民のインディアンと毛皮とたばこの交易をするために、現在のフィラデルフィア南部・ウィルミントン・チェスター近辺と南西ニューキャッスル近辺に居住することになったのが、この地域におけるヨーロッパ人による植民の始まりである。この地域は、ニュースウェーデンと命名され、1643年に、スウェーデン人のヨハン・プリンツ総督は、現在のティニカム島をニュースウェーデンの首都に定めた。この当時、イロコイ族との交易により、利益をあげていたニューアムステルダム（現在のニューヨーク）のオランダ人は、この交易により、その源から彼らの利益を吸い上げられてしまうことを恐れていたので、この交易を快く思わなかった。彼らは、この植民地に兵士を送って、わずかな抵抗ののち、この植民地での支配権を確立した。彼らは、この地域のニューキャッスル近辺にあるスカンジナビア砦をニューアムステルダムという名前に変えた後、他の地域に再植民を行い、この地域を植民地化するための努力をあまりしなかった。
　1654年に、英国は、オランダからニュースウェーデン地域を奪い取り、その結果、この地域は、オランダ領から英国領に変わった。1680年に、この地にやってきた大部分の英国人の新来者達は、デラウェア川下流の地域とその近辺が気に入ったが、そこでの植民のための何の計画も持ってい

なかった。

ウィリアム・ペンの植民理念と植民計画

　フィラデルフィアの生みの親であるウィリアム・ペンは、こうした状況の中で、颯爽と歴史の舞台に登場してくることになるのである。様々の英国政府の地位を歴任し裕福な地主であった彼の父ウィリアム・ペン海軍総督は、友人である英国王チャールズ２世に多大な財産を貸していた債権者でもあった。この息子のウィリアム・ペンは、当時の英国国教会を批判したため迫害を受けていたクエーカー教の信徒であった。彼は、信仰の自由を公然と掲げ、英国国教会の支配に反対し、反王政の立場を取っていた。このため、チャールズ２世にとっては、彼は英国王政を破壊する目の上のたんこぶでやっかいな存在であったが、彼の父が政府の要職にあるため、乱暴な取り扱いはできないでいた。ペンの信仰していたクエーカー教の創立者ジョージ・フォックスは、人間はだれでも、心の中にキリストの「内なる光」を有していると考え、そのため、神と人間とを媒介すると考えられてきた宗教的祭司や宗教制度に基づく聖職者は一切必要なく、個人が神と直接的な関係を持つべきであると主張していた。神の下に人間は平等なので、市民的な階層性も必要ないと、フォックスは主張していた。この教えを信奉するペンは、チャールズ２世にとって、英国王政を否定する危険な存在であったのである。彼の父、ペン総督の死後、息子のペンが、この国王に借金の返還を要求してきたとき、この国王の心の中に、自分自身の借金を棒引きにし、しかもこの厄介者を追放するための一挙両得の考えが閃いたのである。それは、英国の領土であった現在のペンシルヴェニア地域を彼に割譲する案だったのである。国王には、この地域は、海岸のない内陸にあるため、望ましくない地域と考えられていたこともその理由の一つであった。この案は、信仰の自由とその理想の実現を求めていたペンにとっても渡りに船の案であった。彼は、この国王の提案に賛成

し、1681年に、国王よりこの地を与えられることになった。この地は、ペンの父に敬意を表して、ペンシルヴェニアと名付けられた。その翌年の1682年に、彼は、アメリカのこの地にやってくることになった。内陸にあるこの地域は、彼によって、豊かで戦略上重要な位置付けを持つ植民地に変えられることになったのである。彼は、クエーカー教の教えに基づき、人権が尊重され、個人の自由が認められ、思想的寛容と平和主義が貫かれる社会作りを提唱し、市民が自分たちで法を形成し、それに基づいて市民が統治する民主主義社会をこの地で行うことを宣言した。これが、彼の権利の章典である。貴族である彼が、彼の理想に基づき、貴族制度を否定し、自由で民主主義的な社会を作ることを誓約したのである。この地に既に住んでいたヨーロッパ人達は、このペンの革命的な理念を喜び歓迎したのである。この理念は、この地の先住民であるインディアン達にも適用されたのである。

　彼は、フィラデルフィアの町をこの地域の首都と定め、その町を、まっすぐな通りと果樹園や庭を持つ緑豊かな町にするという田園都市計画を立案した。この都市計画案は、部分的にしか実現しなかったが、アメリカの他の町が都市計画を立てる際に、それを鼓吹する役割を果たしたのである。また、この地域の商業や農業振興のための土台形成作業も行ったのである。彼のこの地域での滞在日数は、わずか2年にすぎなかったが、その間に、この地域の政治的並びに経済的基礎を築くと共に、都市計画案も提示したのである。

　1677年に、ペンは、同じ信仰を持つクエーカー教徒達がニュージャージーの西部に居住するのを援助したことがあった。その経験により、彼は、植民が利益の上がる事業であることを確信していた。

　1681年に、国王チャールズ2世から、45,000スクエアのペンシルヴェニアの土地を割譲されたペンは、上記の経験からこの土地で植民事業を行うことが良いと考え、この事業を成功させるために、植民者がニュー

ジャージーよりもペンシルヴェニアに植民する気になる動機付けを与えねばならなかった。宗教的自由を与えることは、その動機付けの一つであったが、それに加うるに、植民者に魅力的な土地を与えることも動機付けとして大切であった。彼は、植民者が農業に従事できるために、地味豊かな土地を植民者のために提供したのである。それは、そのおのおのが5,000エーカーからなる土地を、共有地として100提供したのである。彼が、この地において提供した土地は、全体で、500,000エーカー以上であった。

　ペンは、その地の鑑定及び測量を行うため、そうした仕事の経験のあるアイルランド人のクエーカー教徒で、ビジネスマンでもあったトーマス・ホルムをその職に任命し、その地の開拓計画を行わせた。ペンより先に、ペンシルヴェニアに行ったホルムは、先住者のあまり住んでいないスキルキル川とデラウェア川の間の狭い土地を、政務を行う政府を置く場所として選択した。彼が、スウェーデン人から購入できた土地は、わずか200エーカーだった。後からきたペンは、これでは将来における発展性が約束されないと考え、その地をさらに拡大し、1,200エーカーからなる土地を購入した。この土地が基盤となって、現在のフィラデルフィア市が形成されることになった。

　現在のフィラデルフィア市は、直線道路が縦横に交差し、小区画の長方形の土地が多数集まって大区画の長方形の土地を形作っているが、このプランは、ペンとホルムの両者によって創出された案なのである。中央にメインの四角い広場を置き、その四方に4つの四角い広場を持つセンターシティ案は、ホルムが知っていたロンドンデリーの都市計画案やペンが知っていたロンドン大火後の再建築のためのリチャード・ニューコートの都市計画案によく似ているからである。このことは、1687年のホルムの地図に示されている。それによれば、この地域は、メインの四角の広場とその4方に4つの四角い広場を持ち、直線道路が縦横に張り巡らさ

第2章　フィラデルフィアの歴史とその社会　11

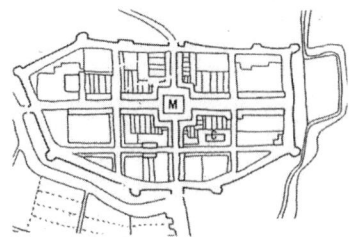

ロンドンデリーの都市計画案
The Planning of Center City Philadelphia, p. 10.

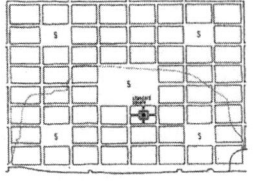

リチャード・ニューコートの
ロンドン再建のための都市計画案
The Planning of Center City Philadelphia, p. 10.

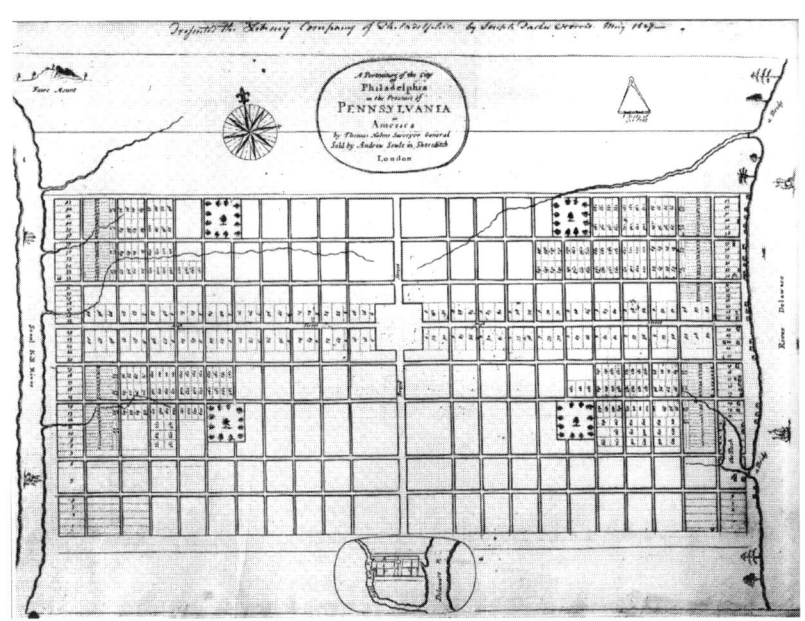

トマス・ホルムのフィラデルフィアの都市計画案
The Planning of Center City Philadelphia, p. 10.

れ、多数の小区画の長方形の集合体である大区画の長方形のエリアが政務や商業の地域であり、その外部は、何の区画もない緑豊かな広大な農業地域となっている。ペンとホルムは、都市計画が施されたセンターシティエリアとそうしたプランを一切考えなかった農業地域のエリアの二つのエリアからなる地域として、このフィラデルフィア地域を形成したのである。ホルムの地図には、ロンドンデリーの都市計画案とニューコートの都市計画案の両方が組み合わされ、さらにペンの希求した緑豊かな田園がその町の外部を取り囲む構造になっているのである。従って、現在のフィラデルフィア地域の原型は、ペンとホルムの両者が話し合って両者の合作として形成されたものであると考えられる。(Douglas Root, pp. 15-27., John Andrew Gallery, pp. 8-11.)

　ところで、ピルグリムファーザーズと呼ばれる英国のピューリタン達が、信仰の自由を実現できる地を求めて、メイフラワー号に乗船し、英国のプリマス港からボストン近郊のプリマス植民村に到着したのは1620年である。このピューリタンによる植民が、アメリカ合衆国における本格的な植民の魁である。1630年、このプリマス植民村が宗教的、政治的、経済的、自衛的独立を達成してから、この地へ大量に移民が押し寄せることになった。この年、11隻の船で1,000人のマサチューセッツ植民開拓団が到着後、数万人が続き、ここにニューイングランド植民地が形成されることになったのである。

　とは言え、ピューリタンの植民がその信仰の純粋性を維持するため、排他的で他のプロテスタントやカトリックの入植を歓迎しなかったのに対して、ペンの自由で寛容な思想は、他のプロテスタントやカトリックや他の宗教にも寛容であったために、ペンシルヴェニアやフィラデルフィアには、多様な宗教を持った諸民族が移住することになったのである。また、ピューリタンの開拓団は、入植のための資金を持っていなかったので、ロンドン市民投資家の会社から7年契約の融資契約を結んで入植のための

第 2 章　フィラデルフィアの歴史とその社会　13

LOGAN SQUARE	PAGE 14
22	Arch Street United Methodist Church
23	Race Street Meetinghouse
24	Living Word Community
25	St. John Chrysostom Albanian Orthodox Church
26	Roman Catholic Cathedral Basilica of Saints Peter and Paul
27	St. Clement's Church
28	Arch Street Presbyterian Church

RITTENHOUSE SQUARE	PAGE 18
29	First Baptist Church
30	St. Mark's Episcopal Church
31	Tenth Presbyterian Church
32	Temple Beth Zion-Beth Israel
33	First Church of Christ, Scientist
34	New Central Baptist Church
35	Trinity Memorial Church, Episcopal
36	Church of the New Jerusalem
37	First Unitarian Church
38	Lutheran Church of the Holy Communion
39	First Presbyterian Church
40	St. Patrick's Roman Catholic Church
41	Church of the Holy Trinity, Rittenhouse Square

SOUTH BROAD STREET	PAGE 25
42	Chambers-Wylie Memorial Presbyterian Church
43	The Church of St. Luke and the Epiphany
44	St. Peter Claver Roman Catholic Church
45	First Tabernacle Beth El Church of God and Saints of Christ
46	Wesley A.M.E. Zion Church

OLD CITY	PAGE 2
1	Christ Church (Episcopal)
2	Arch Street Meetinghouse
3	Old First Reformed Church, United Church of Christ
4	Old St. George's United Methodist
5	St. Augustine's Roman Catholic Church
6	Free Quaker Meetinghouse
7	Congregation Mikveh Israel & National Museum of American Jewish History

SOCIETY HILL	PAGE 6
8	Old St. Paul's Episcopal Church
9	Old St. Joseph's Roman Catholic Church
10	Old St. Mary's Roman Catholic Church
11	Society Hill Synagogue
12	Old Pine Street Presbyterian Church
13	St. Peter's Episcopal Church
14	Kesher Israel Synagogue
15	Congregation B'nai Abraham Synagogue
16	Mother Bethel A.M.E. Church
17	Vilna Congregation (Synagogue)
18	Holy Trinity German Roman Catholic Church
19	Greek Orthodox Cathedral of St. George

CENTER SQUARE	PAGE 13
20	St. Stephen's Church
21	St. John the Evangelist Roman Catholic Church

現在のフィラデルフィア市の中心部
Sacred Sites of Center City, p. 10.

資金を獲得したのに対して、ペンの入植は、ペンの父の残してくれた裕福な財産を基にして借金なしで行われたのであった。ニューイングランドのピューリタンとのもう一つの違いは、ピューリタン達が自分たちの精神的拠り所である教会の礼拝に集うために、教会から歩ける距離か馬車で行ける距離の範囲に居住しなければならなかったのに対し、ペンシルヴェニアのクエーカー達は、集会形式の礼拝であったために、教会という特別の建築物を必要とせず、個人の家に小集団が集う形式を取った点にある。(監修 James W. Baker『メイフラワー号　プリマス開拓村』2-5頁、John Andrew Gallery, p. 11.)

　1700年には、フィラデルフィアの人口は、約6,000人で、ペンシルヴェニア全体では、20,000人であった。新しい植民者の大部分は、英国や他のヨーロッパ諸国のビジネスマン達に、船賃や経費を借りてやってきた年季奉公者であった。ペンの家族によるペンシルヴェニアの宣伝や植民者がその家族や友人に送った手紙は、時期に適っており、ペンシルヴェニアへと新しい植民者を誘うことになった。この地は、穀物や肉や材木が豊富で、西インド諸国との活発な交易を行っていた。植民は、内陸へと拡大され、フィラデルフィアは、生産物や動物の毛皮を内陸の別の船に積み替えるための重要な地点となった。その後、まもなくして、財力と教養のある世界的大商人がフィラデルフィアに現れることになった。彼らの大部分は、クエーカー教徒であった。大英帝国が、例えば、北米でフランスとインディアンの同盟軍と戦ったフレンチインディアン戦争（1755－1763年）のような軍事的冒険ができたのは、こうした豊かな大商人が払った税金があったからである。これらの大商人階級は、大英帝国が軍事行動を行うために彼らに課された税金に立腹し、結局、彼らは、アメリカ独立戦争の時に、アメリカ大陸の軍隊に資金を融資するために彼らの財力を使うことになったのである。こうした初期のビジネスマンの中でもっとも成功した代表的な商人として、ロバート・モリスを挙げることができる。彼が住

んでいた邸宅は、初代大統領ジョージ・ワシントンが、大統領として執務していた1790年から1797年にかけて、大統領の住居として使われたことでも有名である。モリスは、アメリカ独立戦争の時、英国と絶交したくなかったが、最後には、これを受け入れ、1781年に、ジョージ・ワシントンが彼の軍隊をヨークタウンに移動するのに必要な資金を提供してくれたのである。

　フィラデルフィアで最も有名なのは、実業家であるとともに政治家でもあったベンジャミン・フランクリンである。彼は、17歳の時にボストンからフィラデルフィアに移住してきて、23歳で新聞社を設立し、ペンシルヴェニア新聞を発行した。彼は、フィラデルフィアの郵便局長も含めて、選挙と任命の両方により選出される役所組織を考え、その実現を図った。郵便局長となった彼は、あまりにも遅延した郵便に対しては郵便サービス料を払うという新しいアイデアを紹介した。ロバート・モリスと同様に、彼は、英国が課す税金に反対であり、その解決のため、ロンドンで植民地の代表者として、英国政府と話し合うことを試みたのである。

　ウィリアム・ペンの政府が掲げた自由と寛容の原則は、ヨーロッパでは注目されなかったが、その理念により、ペンシルヴェニアは、移民に注目され、彼らを誘う魅力的な場所となった。そのあるものは、宗教的自由を望む非国教徒であり、また、経済的な機会を欲する低所得層であった。彼らは、ペンシルヴェニアでは、選挙権を持ち選出された官吏になることさえできる十分な土地を容易に獲得できると聞いたのであった。義務的な軍事奉仕をする必要はなく、また、市民的自由は、先住民にも保証されていたのである。

　1680年から1710年の間は、ペンに従った大部分の植民者は、彼と同じ信仰を持つ英国やウエールズやドイツから移住してきたクエーカー教徒であった。彼らは、その多人数と富のため、1756年までペンシルヴェニアの議会で支配的な勢力を持っていたのである。彼らは、インディアンと

の戦いのため軍事力が必要となったため、開拓民の植民者が支持しなくなったとき、その支配的地位を失ったのである。

　クエーカーとともに、ドイツのラインランドから、ジャーマンタウンのメノナイトの創立者であるフランシス・ダニエル・パストリウスがフィラデルフィアに移住してきた。初期のジャーマンタウンの植民者は、メノナイトやアーミッシュやドイツ再洗礼派のドゥカーやドイツのクエーカー教徒やモラビアの兄弟団のようなたいてい比較的小さな宗教的セクトであった。移住してから改宗するものもあった。例えば、パストリウスは、ペンによってメノナイトからクエーカーに改宗したのである。

　1727年以後、ドイツの移住者は、大部分比較的大きなルター派教会や改革派教会のメンバーであった。彼らは、彼らの農業方式により、地域を改変し、その地域を豊かな農業地域にして住み着いた。アメリカ独立戦争の時代には、ドイツ人達は、ペンシルヴェニアの人口の3分の1以上の100,000人くらいの人数となった。ドイツ人の農夫達は、アメリカ独立革命の軍隊のために食料を供給し、ドイツ人の職人は、ジョージ・ワシントンの兵士達によって多くの戦場で用いられた伝説的に名高い「ペンシルヴェニアのロングライフル銃」を作ったのである。装飾芸術におけるドイツ人の技術は、その地域の美に加えられることになった。その地域は、ドイツ語のドイチュが語源となり、ダッチカウンツリーと呼ばれ、現在に至っている。

　1717年から1776年の間に、約250,000人のスコットランド系アイルランド人がウルスターからペンシルヴェニアに移住してきた。この英国人達は、長老教会信徒で、北アイルランドに移住したが、カトリックのアイルランド人の妨害により、そこで直面した経済的困難が大変過酷なものであったために、彼らの大半はそこから逃れて、別の移住地に行くための旅費を工面するため、年期奉公の召使いとして雇われ、ペンシルヴェニアに移住してきたのである。彼らは、最初、ダッチカウンツリーに住み、農業

に従事したが、それは失敗に終わった。1730年に、彼らは、ウエストとノースに移動し、そこの開拓者となった。このスコットランド系アイルランド人は、ペンによって描かれた農業共同体に居住するには不向きであった。なぜなら、彼らは、厳格な規律を持つ集団で、また自立心のある集団であったために、独立心があまりにも強かったからである。そこで、彼らは、教育に専念し、学校の創立に身を捧げることになるのである。また、彼らは、独立運動の指導者にもなったのである。

　植民は、およそ秩序だって行われなかった。ペンは、農場と中心村落から構成される5,000エーカーの町を予想していた。その土地の10％は、荘園として地主が所有し、後は農場として転売されるために、画一的な価格で英国での最初の購入者に提供されたのである。この計画は、10年か20年後には、地主の土地の投機やインディアンの部族からの新たな土地の購入や村落の居住者による居住の拒否によって、その土地を剥奪され、その土台を掘り崩されてしまったのである。

　1720年代までは、フィラデルフィアを越えた大部分の拡張は、スキルキル川とデラウェア川の範囲内にあった。しかし、1729年には、人口増加のために、その範囲を越えてさらに西にあるランカスター地域へと居住を拡張することが正当化されることになったのである。18世の半ばには、新移民や他の植民地との紛争や植民地政府の植民者への新たな拡充の奨励により、サスケハナを越え南西ペンシルヴェニア地域にまで、植民は拡大されることになったのである。植民が継続的に営まれているうちに、町は拡大されていき、やがて荒野の中に都市が出現することになっていくのである。1768年から1788年の間に、ペンシルヴェニアの全地域の3分の2は、インディアンから取り上げられ、植民者のものになってしまったのである。(Douglas Root, pp. 19-27.)

アメリカ独立戦争と国家の設立

次に、アメリカ独立戦争のいきさつについて述べてみよう。

1773年に、ボストンで、英国の植民地に対する課税に反対のデモ参加者達が、インディアンに変装して、ボストン港に停泊している英国の茶を積んでいる船を襲撃し、茶を海に投げ捨てたのである。これは、歴史上ボストン茶会事件と呼ばれている。この事件が、きっかけとなって、アメリカ独立戦争は開始されたのである。フィラデルフィアでは、課税反対論者は、ボストンとは異なり、英国の船長を招いて、丁重な形で課税に対する抗議を行ったのである。ボストン茶会事件が起こったとき、新しい思想が、この地に芽生えていたのである。クエーカーや他のプロテスタントの宗派は、個人の内心の自由を強調し、それ故、内心の自由に反するような伝統的制度の指令に従わなくても良いと主張したのである。また、あらゆる人々が聖書を読むべきであるというプロテスタントの信仰によって支えられ、この聖書を読むことに集中する北アメリカの植民地に生活するプロテスタントは、この世界で最も高い識字率を達成したのである。個人の表現の自由の精神は、特に宗教と政治の分野で、自由に思想や意見を表明し、それを記述することを促進したのである。植民地の出版物の中心であるフィラデルフィアには、例えばトマス・ペインのような政治思想家によって多くの本やパンフレットが出版され配布されていたのである。こうした進歩的思想を持つ人たちは、大英帝国から4,000マイルの距離に居住していたが、この距離は、君主政治に対する反乱を促すのに充分な距離であった。民主主義政府は、古代アテネや初期のローマの共和制にその先例があり、それがこの時代に民主主義政府を作るときに参考になったのである。入植者達は、自分たちが統治する民主主義政府に大胆な一歩を踏み出すことを喜んでするつもりでいたが、その道に障害があることも知っていたのである。奴隷制度は、アメリカの民主主義的理想を傷つける制度であり、そのことは、入植地の自由思想家以外に、例えば、英国の社会思想

家で評論家のトマス・ペインも指摘していたのである。アメリカ独立革命の時代に奴隷制度という不法は、矯正不可能なように思われたが、それはともかく、英国に対して統一的な活動を維持するためには、その非難の宣言が必要だったのである。トマス・ジェファソン自身も奴隷を所有していたけれども、奴隷制度擁護論者は、彼の民主主義政府確立のための運動を阻止する源泉となっていた。独立宣言の元々の草稿には奴隷貿易の非難が書かれていたが、南部の入植者やニューイングランドの政治家の一部は、この部分の削除を要求していた。

　1774年には、アメリカ独立革命の英雄とアメリカ合衆国の創立者達は、一致団結していたのである。フィラデルフィアでは、市の居酒屋が社会活動や実業活動や政治活動の中心となっていた。そこでは、独立宣言や革命の基礎となる非公式な議論が行われたのである。居酒屋の司令部から発信される資料や書類の閲覧及び往復書簡によるフィラデルフィアの委員会は、1774年9月に、アメリカ大陸の13植民地会議を招集することを提案したのである。フィラデルフィアでのこの最初の会議は、独立のための要求がなかったため延期されたが、翌年4月に英国がレキシントンとコンコードに軍隊を差し向けると、この反乱を支持する声が高まったのである。5月には、ポール・リビアがフィラデルフィアに大急ぎで駆けつけ、フィラデルフィアに着くやいなや、ボストンに対する支持を求めるため市の居酒屋にまっすぐ向かったのである。第2回目の大陸会議が招集され、出席していた少数のペンシルヴェニアの保守主義者は、トマス・ペインの如きフィラデルフィアの革命家達の火のような雄弁に対して抗することができなかったのである。ヴァージニアのリチャード・ヘンリー・リーは、諸州は自由で独立であるべきであり、その権利を持っているという解決案を提示した。トマス・ジェファソン、ジョン・アダムス、ベンジャミン・フランクリン、ロジャー・シャーマンとロバート・R・リビングストンは、この有力な解決策を推し進めるための理由を発表するため、独立宣言草稿

を作成することになったのである。若い煉瓦職人の家の机で、啓蒙の政治思想を描写しながら、ジェファソンは、2週間でこの独立宣言を書き上げたのである。1776年7月2日に、リーの解決策は、熱烈な議論の後、採用され、2日後に、大陸会議は、この独立宣言を公式に表明したのである。

英国からアメリカが独立するために、武装闘争が開始されることになった。1776年7月に、現在インデパンダンスホールとして知られている場所で、独立宣言書を採用するために、大陸会議が開催されたが、少数のペンシルヴェニアの保守主義者達は、この文書に嫌々ながら署名したのである。英国国王ジョージ3世は、これを喜ばなかった。彼の視点から見れば、反乱者は反逆者であり、反逆罪に処すのが妥当と考えられたのである。英国の軍隊は、独立宣言後、植民地の代表者達と協議を行ったのである。

独立戦争の初期段階においては、アメリカ側の戦況は好ましくなかった。ヴァージニアから、用意周到で穏やかに話す将軍であるジョージ・ワシントンが、未熟で不十分な規模の軍隊を従えて行軍してきた。彼を支持することになっていた政府は、かろうじて存在していたが、ほとんど資金を持っていなかった。彼は、ニューヨークで、初期のいくつかの戦いに敗れたために、ニュージャージーからペンシルヴェニアに退却せざるを得なかったのである。

戦いの潮目が変わったのは、1776年クリスマスの翌日、ツレントンのデラウェア川の東の川岸に露営していたドイツ人の傭兵の駐屯軍に奇襲攻撃を行い、勝利した時であった。この時に、ワシントンを支援する民衆が再結集されることになったのである。1ヶ月後に、彼は、プリンストンで、英国の別の派遣軍を攻略することになったのである。

この後、ニューヨーク市に駐屯していた英国の司令官、メジャー・ジェン・ウイリアム・ハウエは、軍を引き返させ、1777年9月に、ペンシルヴェニアのブランディワインクリークで、大陸会議の軍隊の勢力を撃破

し、大陸会議の軍隊を追放したが、ワシントンと彼の農兵団は降参しなかったのである。彼らは、厳しい冬を迎えることが分かっているヴァレーフォルゲの近くに、塹壕を掘り抵抗をおこなったのである。彼らは、病気や飢えや寒さに苦しめられた。野営地に駐屯している間に、12,000人の兵士のうち、2,000人が死んでしまったのである。しかし、大敗して逃走中の大陸会議の軍隊は、特に、ニューヨークの英国の軍隊が降伏することになった1777年10月のサラトガの戦い以後、元気を取り戻すことになったのである。

　資金面も同盟関係も欠如していた駆け出しのアメリカ合衆国政府は、英国に対抗するため、英国と共通の敵対者であった仏国に援助を求めた。1776年の後半、ベンジャミン・フランクリンは、仏国に渡り、そこで、ルイ16世に謁見した。自国の利益になるため、仏王は援助を与えるのに乗り気であったが、フランクリンが仏国で大人気であったことも王の気前の良さを引き出したのかもしれない。ルイ16世は、直ちに革命家達に対して、秘密の援助をすることを命じた。1778年に、有利な交易の地位を約束する条約に調印した後、仏国は、英国と戦争を行うことを宣言し、アメリカ合衆国を支援するため、彼らの艦隊を送った。ハウエは、ニューヨークの彼の軍隊を強化するために、フィラデルフィアの外に移動していた。1781年、英国最高位の司令官ロード・コルンウオールは、植民地域のピィドモント地域を通過して追跡中に、トマス・ジェファソンを捕虜にするのに失敗した後、ヴァージニアの港町であるヨークタウンに駐留していた。ジョージ・ワシントンは、奇襲攻撃のためのもう一つの機会がここにあることに気づき、16,000人程の大陸会議の軍隊をニューヨークから南へ行軍させたのである。仏軍の兵士達の援軍の下、ワシントン軍は、海で援軍がくるのを空しく待っていた英国軍を窮地に追い込んだのである。3週間の未決着状態が続いた後、軍隊の数では遙かに勝っていたコルンウオール軍が降伏したのであった。

次の18週間の間、ニューヨークでいくつかの戦闘が続いたが、ワシントン将軍がヨークタウンで英国軍を敗退させたこの驚くべき戦闘こそ、アメリカ軍を勝利へと導いたものだったのである。戦利品の英国国旗は、ワシントンによってフィラデルフィアに送られ、インディペンダンスホールでの公式行事の時に、大陸会議に贈呈されたのである。フィラデルフィアとその都市を含むペンシルヴェニア州は、革命のための土台となったのである。独立前の暫定的連合体であるアメリカ植民地同盟が2、3年続いた後、大陸会議がフィラデルフィアで開催されたとき、国家の種をまくというウィリアム・ペンの夢は、ここに実現されることになったのである。1787年10月、ペンシルヴェニアは、デラウェア州に続く2番目の州となり、アメリカ合衆国憲法を承認したのである。

　ペンシルヴェニア州は、新しい中央政府によって承認された経済的自由の利点を持つ指導的地位にあったのである。革命後の10年間、フィラデルフィアとピッツバーグで、経済的な世界交易に必要となるインフラ整備が進み始めたのである。1780年から1820年にかけて、ペンシルヴェニア州は、道路・橋・運河の拡張を行ったのである。連邦政府は、1800年代の初期にワシントンに移されたが、フィラデルフィアは、戦争における財政的な委託を受けた都市であり、短期間新しい合衆国の財政的中心となった都市であるが故に、依然として特別な地位を保ってきたのである。ペンシルヴェニア州は、1820年代の中期から1850年代にかけて、合衆国を多くのヨーロッパの経済大国と同等の水準にするため、第二の経済的拡張の道への準備をすることになったのである。その鍵となるのは、豊かな天然資源であり、中でも世界一の埋蔵量と産出量を持つ無煙炭や国家の拡張に欠かせない建築資材の木材が豊富にあることであり、また、これらの生産物を輸送する運河があることだった。(*ibid.*, pp. 27-33.)

南北戦争とその後の産業発展

　また、国家設立の中心となったペンシルヴェニア州には、南北戦争に先行する道徳的かつ感情的な論争が包含されていた。クエーカーの統治するペンシルヴェニア州は、1780年に奴隷廃止を宣言したが、それは、合衆国の中でそうした宣言を行った最初の州であった。この州の住民達は、奴隷廃止主義者の運動に共感していた。しかし、国家の統一が最初に行われた場所であったので、奴隷廃止により、簡単に国家の解消の道を取ることは行わなかったのである。ペンシルヴェニア州民は、アメリカ全土に奴隷制の拡張を許可するドレット・スコットによる1857年の最高裁判所の不名誉な決定に、憤りの反応を示したのである。ペンシルヴェニア州の住民は、1860年に、アブラハム・リンカーンが大統領に選出される選挙の時に、中心的役割を果たしたのである。南部の強力な指導者達は、もしリンカーンが大統領に選ばれれば、彼らの地域は、合衆国から分離すると宣言したのである。リンカーンが大統領になったとき、南部の諸州は、その脅しを実行し始めたのである。

　リンカーンが、1861年に合衆国を支持する軍隊を招集したとき、ペンシルヴェニア州ほど軍隊を用意している州は他にはなかったのである。大統領は14連隊を求めたが、ほとんどすぐに25連隊が招集されたのである。

　ペンシルヴェニア州は、ロバート・E・リー将軍が指揮する南部連邦支持者の軍がペンシルヴェニア州とヴァージニア州を分かつメリーランド州の狭い道を横断したとき、そこは、最も破壊的な戦闘の場所となったのである。そして、その場所であるゲティスバーグの農業共同体は、この戦争に巻き込まれることになったのである。1863年の7月1日から7月3日まで続いたこの残忍なゲティスバーグの戦いは、南部連邦支持軍と北部諸州軍が激突し、51,000人以上が動員された戦争であった。しかもその大部分は、21歳未満の若者達であった。

南北戦争は、ペンシルヴェニア州の産業力を刺激したのであった。南北戦争後には、製粉所や鉱山や19世紀後半の工場を建設した起業家によって導かれた産業拡張の時代がやってきたのである。アンドリュー・カーネギー、ヘンリー・クレイ・フリック、ロバート・フント、ジョセフ・ウオートン、ウイリアム・スクラントンのような実業家達は、製鉄の生産と石炭採掘により、富が形成されれるのに気づいたのである。彼らは、巨大帝国の建設に着手し始めたのである。この実業家と共にピッツバーグのメロンやフィラデルフィアのクックスのような最も革新的な金融業者達も、この州に集まってきたのである。

　工場を稼働させるには、労働者が必要である。この労働者達は、南部の黒人達、アイルランドのカトリック教徒、ウエールズ人、スコットランド系のアイルランド人、イタリア人、ロシア系ユダヤ人、東欧人から構成され、その数数千人であった。彼らは、石炭を掘り、鉄道を敷設し、コークス炉に火を焚き、溶けた鉄鉱石を鋳型に注ぐ仕事を行ったのである。こうした人々のお陰で、ペンシルヴェニア州は、文化的豊かさと経済的成功を達成できたのである。

　ペンシルヴェニア州の巨大企業が、労働者に対してその支配力を強化したため、その地域は、アメリカ労働組合運動のテストケースの場所となったのである。急増する鉄道や採鉱や製鉄手工業の半熟練労働者達と企業家達の間で、いくつかの重要な争議が発生した。その中で、特に代表的な争議としては、1892年のホームステッドスティールのストライキを挙げることができる。

　ペンシルヴェニア州は、20世紀の前半期に産業国家の予測可能なコースを辿ってきたのである。経済的不況は、国土を荒廃させ、戦争は、財政を活気づけたのである。大恐慌は、製鉄産業や鉄道産業において、80パーセントの失業率を生み出したのである。第2次世界大戦は、日本の真珠湾攻撃の報復のために、失業はなくなり、完全雇用となった。工場は、フ

ルに稼働し、婦人達も労働力として動員されたのである。

　脱産業化の時代といわれる今日、製鉄業と重工業は、過去3、40年間に急速に衰退し、それに代わって、サービス業が多様化した経済の中でより大きな役割を発揮するようになったのである。政府は、エレクトロニクスやバイオテクノロジーのようなハイテク産業の成長を奨励することになったのである。

　しかし、重工業の衰退は、採鉱やマニュファクチュアによってもたらされた環境汚染を取り除き、元通りの環境を回復させることを可能にしたのである。その結果として、今やペンシルヴェニア州の主要な産業となっている農業と観光業が、空気と水質の改善により、その利益を享受しているのである。

　ペンシルヴェニア州では、どこの州をも悩ませている治安・人種問題・教育の機会均等の問題に取り組んでいる。その他に、この州には、都市郊外や州外に優秀な人材が流出してしまう問題がある。

　この問題に対処するには、近接する一流の大学や学術研究機関を利用することが鍵となるのである。ピッツバーグには、多くの雇用者を雇用しているソフトウエア産業や新進のロボット産業やシンクタンクがあり、フィラデルフィアには、新進のバイオテクノロジー産業がある。ピッツバーグは、2000年に、アメリカの研究・開発機関であるRAND（Research And Development Corporationの略称）により、著名な研究とシンクタンクの展開を持つ近郊都市の研究機関として選ばれたし、フィラデルフィアは、バイオテクノロジー産業組織により、2005年の大会でこの分野における卓越した業績を有する産業に選ばれたのである。ピッツバーグとフィラデルフィアの産業的並びに人口統計的変化に適応する能力は、全体としてのペンシルヴェニアの回復力と創造性によく示されている。このことは、これまでのペンシルヴェニアの歴史から明らかなのである。この州の一般市民は、アメリカ合衆国の建国の鍵となる役割を果たしたし、それ

以後の国家産業の発展にも同様に重要な役割を果たしてきたのである。過去の歴史が未来の道程を指し示しているとすれば、ペンシルヴェニア州は、優れた研究機関と提携して、ソフトウエアやロボットやバイオテクノロジー等の新たなベンチャー企業を創造して、今後も発展していくと考えられるのである。(*ibid.*, pp. 33-38.)

(2) フィラデルフィアの社会

人口と人種

　フィラデルフィア市は、全米大都市の中で、2005年現在で、第5位の人口を有する大都市である。その人口は、2005年現在で、1,463,000人である。

　ちなみに、2005年現在の第1位から第4位までの大都市の人口を挙げると、1位は、ニューヨーク市で、8,143,000人、2位は、ロサンゼルス市で、3,845,000人、3位は、シカゴ市で、2,843,000人、4位は、ヒューストン市で、2,017,000人である。フィラデルフィアの1980年の人口は、1,688,000人、1990年の人口は、1,586,000人、2000年の人口は、1,518,000人である。1980年から2005年の間で見ると、年々人口が減少しているのが分かる。1980年と2005年を比べると、25年間で、実に225,000人減少している。1990年と2000年での人口増加率は、−4.3、2000年と2005年での人口増加率は、−3.6と、マイナスの度合いは減少しているものの、マイナスの増加率が続いている。上記の市を含む全米6位までの州別人口を見ると、2005年現在で、1位は、カリフォルニア州で、36,132,000人、2位は、テキサス州で、22,860,000人、3位は、ニューヨーク州で、19,255,000人、4位は、フロリダ州で、17,790,000人、5位は、イリノイ州で、12,763,000人、6位は、ペンシ

第2章　フィラデルフィアの歴史とその社会　27

フィラデルフィア市営ホール付近

ルヴェニア州で、12,430,000人となっている。

　州別の1980年・1990年・2000年・2005年の順位を見ると、カリフォルニア州は、いずれの年も1位を維持しているのに対して、他の州は、順位が、上がったり下がったりして変動している。ニューヨーク州は、1980年及び1990年は2位を保っていたが、2000年及び2005年は3位に下がっている。それに対して、テキサス州は、1980年及び1990年は3位であったのが、2000年及び2005年は、ニューヨーク州を抜いて2位に躍進している。フロリダ州は、1980年は7位であったのが、その後急増し、1990年・2000年・2005年と4位を維持している。イリノイ州は、1980年は5位、1990年は6位、2000年及び2005年は5位と変動している。ペンシルヴェニア州は、1980年は4位、1990年は5位、2000年及び2005年は6位と、人口増加率の高い他の州に抜かれて順位が下がっている。

大都市で黒人またはアフリカ系人種の多い大都市統計区を順位別に見てみると、1位は、ニューヨーク・ノザーンニュージャージー・ロングアイランド都市区で、3,692,000人、2位は、シカゴ・ネイバービル・ジョリエット都市区で、1,735,000人、3位は、ワシントン・アーリントン・アレクサンドリア都市区で、1,389,000人、4位は、フィラデルフィア・カムデン・ウィルミントン都市区で、1,220,000人、5位は、ロサンゼルス・ロングビーチ・サンタアナ都市区で、1,017,000人である。フィラデルフィア市を含むフィラデルフィア・カムデン・ウィルミントン都市区は、全米4位であり、黒人またはアフリカ系人種の多い都市区である。同じペンシルヴェニア州でも、ピッツバーグ都市区は、196,000人であり、フィラデルフィア・カムデン・ウィルミントン都市区と比べると、黒人またはアフリカ系人種が少ない都市区である。ボストン・ケンブリッジ・クインシー都市区は、総人口4,412,000人中、黒人またはアフリカ系人種が336,000人で、フィラデルフィア・カムデン・ウィルミントン都市区の総人口5,823,000人中、1,220,000人と比べると、黒人またはアフリカ系人種が少ない都市区であると言える。(『現代アメリカデータ総覧　2007』、20-21頁、30-31頁、34-35頁。)

　アメリカの多くの都市と同様に、フィラデルフィア市も19世紀から20世紀の初期の間に、人口が急速に増加し、都市規模が拡大した。産業化により、衣類・織物・機械道具・金物類・靴・紙・製鉄・材木等を生産する手工業の工場が、フィラデルフィアにも出現するに至った。フィラデルフィア市には、第1次大戦後、ヨーロッパからの移民や南部の黒人の出稼ぎ労働者が多く流入してきた。自動車が普及し、人々の移動が容易になると共に、フィラデルフィア市の人口の多くは、都市から都市郊外へと移ることになった。その地域の人口は、1950年代、1960年代、1970年代と増加し続けたが、センターシティの人口は、1950年代をピークにして、その後数十年は、急速に減少していった。第2次大戦前は、センター

シティの人口は、白人が多く、黒人は少なかったが、2000年には、センターシティでの白人と黒人の比率は、ほとんど同等となり、それに対して、都市郊外は、圧倒的に白人で占められるようになった。フィラデルフィア市では、数万人の産業労働者が失業し、食うために、彼らは低賃金のサービス業部門の職業に転職せざるを得なくなった。そのことは、都市における貧困化の集中をもたらすことになった。センターシティの中に、貧困化した黒人が多く居住するスラム街が形成されることになったのである。(Ram A. Cnaan, pp. 23-24.)

　さて、ここで、日系人の人口について見てみよう。2006年度10月1日現在のニューヨーク日本総領事館の館内主要都市別日系人人口は、ニューヨーク市が61,364人で一番多く、次いで、ピッツバーグ市の2,078人、フィラデルフィア市の1,753人、プリンストン市の469人、バッファロー市の366人の順となっている。管内州別では、ニューヨーク州が52,688人で最も多く、次いで、ニュージャージー州の26,822人、ペンシルヴェニア州の8,852人、メリーランド州の4,930人、コネチカット州の3,258人、ウエストヴァージニア州の803人、デラウェア州の669人、プエルトリコの65人、ヴァージン諸島の6人の順となっている。(「在ニューヨーク総領事館：在留邦人統計」、2006年、1頁。)

　ニュージャージー州がニューヨークに次いで日系人が多いのは、第2次世界大戦中に収容所に強制入居させられた日系人が、収容所から解放され、職を求めてニュージャージー州にあったシーブルック農産物加工工場に集まってきたからである。以下に、シーブルックの日系人についての簡略な概要を述べていくが、この記述は、ニュージャージー州のシーブルック博物館での聞き取り調査により得られた情報に基づいて描かれたものである。

　農業近代化に取り組み、フォード自動車の流れ作業を農業にも導入しようとしていたチャールズ・F・シーブルックは、ニュージャージー州に、シーブルック農産物加工工場を設立し、その労働者として日系人を雇うこ

とを承諾したのである。シーブルックは、日系人に、賃金の他に、住居・子弟の学校・スポーツやダンスやリクレーション等の文化施設・保健医療設備等の施設を提供し、生活全般のサポートをしたのである。このため、収容所帰りの日系人がこの地域に集住することになったのである。この地域では、盆踊りが行われたり、太鼓のクラブが生まれたり、浄土真宗のお寺が建立されたりして、日系人のコミュニティが形成されることになったのである。

　フィラデルフィア近隣の東部諸都市の1996年の日系人の人口とその10年後の2006年の日系人の人口変化を見てみると、ニューヨークが、1996年55,821人、2006年61,364人で、5,543人の増加、ピッツバーグが、1996年1,698人、2006年2,078人で、380人の増加、フィラデルフィアが、1996年1,200人、2006年1,753人で、553人の増加、プリンストンが、1996年558人、2006年469人で、89人の減少、バッファローが、1996年290人、2006年366人で、76人の増加となっている。ペンシルヴェニア州にあるフィラデルフィアとピッツバーグが、ここ10年における日系人の人口増加の2位、3位を占め、ニューヨークに次いで、日系人の人口増加の多い都市となっている。(「在ニューヨーク総領事館：在留邦人統計」、2006年、2頁。)

産業

　産業に目を転じると、19世紀後半には、ピッツバーグ市を中心とする製鉄、鉄鋼等の重工業の発達により、ペンシルヴェニアの産業は発展していった。産業の発展により、人口も増加していったが、1972年をピークに停滞し、近年はまた微増の傾向にある。現在、ペンシルヴェニア州は、アメリカ製造業の中心地域の一つとなっている。フィラデルフィアの製造業では、金属製造と化学という2つの産業が盛んである。フィラデルフィアの産業基盤は、北にわずか120キロメートルの位置にあるニューヨー

クの方が、港としても内陸への輸送経路としても優れているということからある程度発展が妨げられていた。しかし、ペンシルヴェニア州西部の石炭・鉄鋼地域へのアクセスという点ではフィラデルフィアの方が優れており、その港湾施設も立派で、また米国の初期の政治・文化の中心としての遺産もあったため、フィラデルフィアは「メガロポリス」の大都市圏として成長をし続けることができた。内陸部の中心にある都市のうち、ピッツバーグはその名前が鉄鋼と同義語になった。アレゲーニー川とモノンガヒーラ川が合流してオハイオ川になる場所にあるピッツバーグは、原材料と下流の市場の両方にアクセスを持つ利点を利用できる有利な位置にある。アレゲーニー川とモノンガヒーラ川は石炭が豊富なアパラチア山脈の外れの地域に注ぎ込み、オハイオ川は「農業の中心地域」の南端に沿ってミシシッピ川に流れ込む。ピッツバーグの発展と共に安価な水上輸送手段が手近にあるという点を利用しようと、鉄鋼に依存する産業がこの狭い川沿いの低地に集まってきた。金属製造業、機械部品、その他の大量に鉄鋼を消費する産業が工場をピッツバーグやその周りに建設した。近隣都市もピッツバーグの鉄鋼が持つ強力な牽引力の恩恵に浴した。オハイオ州のヤングタウン、キャントン、スチューベンヒル、ウエストヴァージニア州のホイーリングとウイアトン、さらにペンシルヴェニア州のニューカッスルとジョンズタウンは、この地域の産業の発展をある程度共有し鉄鋼及び鉄鋼製品産業を作り上げた。また、ペンシルヴェニア州中央部では、マッシュルーム栽培等の農業が盛んである。(「アメリカ合衆国大使館　米国の地理の概要　第5章　米国製造業の中心地域」4頁、「在ニューヨーク総領事館：各州と日本との関係」2頁参照。)

　現在では、ピッツバーグ市のソフトウエア産業・ロボット産業・シンクタンク、フィラデルフィア市の製薬産業・バイオ産業が台頭し、これらの産業が、ペンシルヴェニア州の2大都市の主産業となっている。同州のGDPは、2005年489,025ドルで、全米6位となっている。同州では、

フィラデルフィア市にペンシルヴェニア大学及びフィラデルフィア科学大学、ピッツバーグ市にピッツバーグ大学及びカーネギー・メロン大学等の理科系の有名大学を複数有し、製薬産業・バイオ産業・IT産業が盛んである。GDPに占める同州の製造業の割合は、全米平均の12%を上回り、15%となっている。特に、フィラデルフィア市の製薬産業は、全世界の8割を占め、製薬産業の一大集積地点となっている。フィラデルフィア地域の代表的な製薬産業の会社を挙げると、GlaxoSmithKline、Merck、Wyeth、Johnson & Johnson、AstraZeneca等19世紀ごろからある大企業がある。フィラデルフィアには、その他にバイオ産業がある。バイオ関連産業では、製薬企業とバイオベンチャー企業等との連携は弱く、そのため、その構成比率では、医療機器・バイオ産業のウエイトが低くなっている。フィラデルフィアのバイオ関連産業の特徴は、生命科学の研究開発が充実している点にある。主なバイオ産業の会社名を挙げると、モノクローナル抗体の先駆企業であるCentocor、IPOに成功したCephalonがある。製薬産業とバイオ産業及び医療機器産業を併せた、バイオ関連産業企業数は、約400社に上る。バイオ関連産業の会社の雇用者数は、2007年現在で、55,900人である。そのうち、主な製薬会社の雇用者数は、38,757人で、バイオ関連産業全体の約7割を占めている。IT産業の主な会社を挙げると、コムキャストやベリゾンがある。2005年の同州の産業別のGDPを見てみると、製造業15%、小売・卸売業12%、不動産、リース業11%、政府関係10%、ヘルスケア・ソーシャルサービス9%、金融、保険業8%、専門・技術サービス業7%、企業管理等サービス業5%、情報産業4%、建設業4%、運輸、倉庫業3%、芸術・レク・宿泊・飲食3%、公益事業3%、教育サービス2%、鉱業1%、農業1%、その他のサービス3%となっている。産業別就業者数の同州全体に占める割合を見てみると、流通・運輸・公益事業19.5%、教育・保険18.6%、専門・企業サービス13.0%、政府機関12.9%、製造業11.5%、娯楽8.5%、

金融 5.8％、建設業 4.6％、情報 1.9％、天然資源・鉱業 0.4％、その他 4.5％となっている。日系企業も、製薬や機械、食品加工業等が同州に事務所や工場を有している。1999 年のフィラデルフィアの産業別雇用を上位順に述べると、第 1 次金属産業・石油及び石炭産業・金融業・公益事業・空輸業・化学産業・不動産業・保険業・鉄道業・船や車等の他の輸送業・修理業とリースサービス業と駐車業・食物関連産業・製紙関連業・トラック運送業と倉庫保管業・石材や粘土やガラス産業・産業機器業・法律業や技術職業やマネジメントサービス業・手工業・情報産業・ゴム及びプラスティック産業・電気関連産業・卸売業・道具関連産業・木材産業・印刷及び出版業・金属工作業・繊維産業・教育サービス業・娯楽及びレクリエーション業・衣服及びその他の織物業・宿泊業・保険サービス業・皮革業・リクルート産業・家具及び備品業・商業・建設業・非営利業・レストラン業・輸送関連装備業・飲食と美容関連産業・住宅産業・地域内交通産業・クレジットと融資業・映画産業の順となっている。また、2005 年の同州の一人あたりの個人所得は、34,937 ドルで、全米 18 位である。(高田　仁「地域におけるバイオ産業振興システムの分析─米国ペンシルベニア州サイエンスセンターを事例として─」17 頁参照。笹林幹生「フィラデルフィア科学大学と医薬産業政策研究所との懇談会を開催」参照。藤原孝男「フィラデルフィア・バイオクラスターにおける製薬企業拠点から　ベンチャーとの連携型ハイブリッド拠点への変換について」936 頁参照。*The Evolution of Innovation Greater Philadelphia 2008 Regional Report*, pp. 10-11.「在ニューヨーク総領事館：各州と日本との関係」2-3 頁、5 頁。*Philadelphia A New Urban Direction Second Edition*, p. 201.)

教育・文化・日系人組織

産業の箇所でも述べたが、ペンシルヴェニア州は、文化資本を産出す

る基盤となっている教育研究機関が多数存在する地域でもある。ペンシルヴェニア大学、ピッツバーグ大学、カーネギー・メロン大学、ペンシルヴェニア州立大学、テンプル大学、スワスモア大学、ハバフォード大学、ブリンマー大学、ドレクセル大学、トマス・ジェファソン大学、ラサール大学等合計260の大学がある。また、ベンジャミン・フランクリンが創設したフランクリン・インスティテュートがあり、科学博物館経営の他、ノーベル賞の登竜門と言われているフランクリン・インスティテュート・メダルを毎年優れた科学者に贈っている。

日系人のための教育機関としては、フィラデルフィア日本語補習授業校がある。ペンシルヴェニア州には、3つの日本語補習授業校がある。フィラデルフィア市には、フィラデルフィア日本語補習授業校が、ピッツバーグには、ピッツバーグ日本語補習授業校が、州中央部の学園都市ステート・カレッジには、セントラル・ペン日本語補習授業校がある。

日系人関係の組織としては、フィラデルフィアには、フィラデルフィア日本人会・フィラデルフィア日米協会、ピッツバーグには、ピッツバーグ日本協会・ペンシルヴェニア日米協会がある。

その他に、フィラデルフィア市には、フィラデルフィア美術館、ロダン美術館、フランクリン科学博物館、印象派の作品収蔵で有名なバーンズ・コレクション等の美術館、リバティ・ベル、インデペンダント・ホール等の合衆国建国時代の史跡があり、また、音楽では、フィラデルフィア・オーケストラがある。こうした点において、フィラデルフィア市は、一大観光文化都市の側面も併せ持っているのである。また、ピッツバーグ市には、各国文化を紹介するピッツバーグ大学のナショナリティ・ルームズ、アメリカン・ポップ・アートの代表アンディ・ウォーホル美術館がある。（高田　仁、17頁参照。「在ニューヨーク総領事館：各州と日本との関係」2006年、1-2頁、6頁参照。）

第3章　フィラデルフィアと日系人との関係史

　アメリカ合衆国に渡った日系人は、ハワイ州を日系アメリカ移民の濫觴とし、その後、サンフランシスコやロスアンゼルス等の西海岸に渡った人々がその大半を占めているが、本論では、フィラデルフィア地域と日系人との関係史を概観することがその目的であるので、そこに主眼を置いて論じていくことにする。

(1) 幕末・明治の日本とフィラデルフィアとの関係史

　日本人が最初にフィラデルフィアを訪れたのは、何時のことであったかよく分からないが、それは少なくとも日本の鎖国を止めさせ、開国させたペリー以後のことであろうと考えられる。このように、日本とフィラデルフィアとの文化的交流は、ヨーロッパと比較するならば、遅く始まったと言えるが、それにもかかわらず、今日のフィラデルフィアには、優れた多くの日本文化の実例が存在しており、そこから、その文化的交流の密度の高さを窺うことができる。このようなアメリカの都市は多くはないのである。日本文化の実例は、フィラデルフィア美術館のコレクションやフェアモント公園の日本庭園や日本家屋を始めとして、その他に多くのギャラリーや個人コレクションや庭園がある。

ペリー提督
　先にマシュー・カールブレイス・ペリー提督による日本開国に言及した

が、そのペリー提督が日本に来航するときに、乗船してきた軍艦は、フィラデルフィアで建造されたものであった。当時、フィラデルフィアのサウスワーク地域のフェデラル通りの基点に所在していた海軍造船所でペリーが乗船した蒸気船の軍艦ミシシッピ号は建造されたのである。それは、長さが約70メートルの当時の最新の軍艦であった。アメリカで最初の外洋蒸気船と呼ばれたこの船の外輪は、約10メートルであり、10門の大砲を積んでいた。その船には、メリック・アンド・タウンズ社製のゴシック様式の装飾のついた、最新のエンジンが装備され、時速最大10ノットの速度で進むことができた。この船について、ペリーは、ミシシッピ号はしっかりしていて調子がよい、時化にあってもサスケハナ号より揺れず、石炭の消費量は3分の1少ない、と誇らしげに述べている。1847年、ミシシッピ号は、メキシコ戦争でペリーの旗艦としての役割を果たした後、外交的な遠征でペリーを日本へ乗せていった。日本は、ヨーロッパ人やアメリカ人から、利益の上がる市場になりそうだと見られていた。しかし2世紀にわたる鎖国政策のため、制度として外国の船舶の停泊を拒み、ヨーロッパ人やアメリカ人にとっては、近づくことができないままであった。アメリカの海軍省は、日本に無理強いをしてでも、あるいはへつらってでも、国家間の親善関係を結ばせる機は熟したと感じ、1852年11月、ミシシッピ号はヴァージニア州のノーホーク海軍造船所を出航し、新しい蒸気船サスケハナ号と、一本マストの縦帆装船スループ船の軍艦サラトガ号とプリマス号と合流した。この小さいが威嚇的な使者は、1853年7月8日に浦賀に到着した。当時の川柳、「太平の眠りさます蒸気船、たった4杯で夜も寝られず」には、人々の周章狼狽した状況がよく表されている。ペリーは日本の役人をミシシッピ号の船上に迎え入れ、アメリカの技術力を見せつけたのである。提督は打診したり、それとなく脅したりした後、浦賀奉行に、ミラード・フィルモア大統領の国書を手渡したのである。ペリーは幕府の返事をもらうため、翌年に再訪すると告げた。

第3章　フィラデルフィアと日系人との関係史　37

　1854年1月、ペリーは、前回より大きな艦隊で来航した。その艦隊は、蒸気船のポウハタン号、サスケハナ号、ミシシッピ号、スループ船の軍艦プリマス号、サラトガ号、マセドニア号、バンダリア号と、供給貨物輸送船のサプライ号、レキシントン号、サウサンプトン号で構成されていた。この威嚇的な艦隊のせいで、アメリカは条約締結にこぎつけたのであった。どんなことをしても鎖国に対する日本国家の権利を維持したいという国内の強い意見にもかかわらず、幕府の老中達は、アメリカとの条約を批准したのであった。条約の主な規約で、二つの特定の「条約で決めた港」で、アメリカの商船と水夫達を保護し歓迎することとなったのである。

　19世紀半ば、アメリカにおける二つの主要な蒸気機関車製造会社が、フィラデルフィアのスプリング・ガーデン通りと16番通りとが交差する角にあり、16番通りの両側に存在していた。リチャード・ノリス・アンド・カンパニーという会社とボールドウィン機関車製造工場が、南に向かって数ブロックにわたり広がっていた。1853年、リチャード・ノリス・アンド・カンパニーは、合衆国大統領から日本の天皇への贈り物として、当時の機関車の縮尺4分の1の模型の4番目となるものを製造した。別の会社が製造した機関車と炭水車と客車は、1854年3月、ペリーの黒船艦隊と共に日本に到着した。日本人は、その実演披露のために横浜の近くに作られた小さな環状線路で、極東で最初の列車に乗る体験をしたのであった。ペリー提督はその出来事を次のように記している。

　この後、いよいよ大統領から皇帝への贈呈品の見聞が始まった。目玉は磁気性電信機と丸い軌道を走る機関車の実演である。これらは実演の後に、ほかの品々と共に正式に授与が行われることになっていた。日本人は贈呈品の披露にも受領にも同じように形式張っていて、儀式はなかなか終わらないのだった。

　小さな炉から蒸気が上がり、客車が接続され、委員の一人の秘書官が

おっかなびっくり客車の屋根にまたがった。一方ダンビー氏は炭水車にまたがり、片手で石炭をくべながらもう片方の手で機関車を操作する。美しい小さな機関車が、甲高い汽笛で空気を震わせながら円を描いて走ると、集まった大勢の人々は驚喜したものだ。次いで、最後にもう一度電信機の実演が行われた。

　委員達はまた数々の農具を見学し、その使い方の簡単な説明を受けたが、その後美作守が委員達の代表となって、大統領の贈呈品の受領の儀式を執り行った。こちらでは、贈呈に関する同様の全権はアダムス参謀長に与えてあったので、贈呈品の授受は両者が形式張って、5、6回もお辞儀をしあうことでようやく終わった。（ロジャー・ピノー編、金井圓訳『ペリー日本遠征記』雄松堂出版、1989年、206-207頁。）

　その後、日本側は、その機関車を東京の海軍兵学校に納めた。1868年、兵学校は火事にあい、アメリカから日本への最初の贈り物は消失してしまった。(*An Historic Guide to Philadelphia & Japan*, pp. 8-12.)

　次に、日本の欧米使節団がフィラデルフィア市を訪問した時のことについて述べてみよう。

　1867年に明治新政府は誕生したが、欧米の国力の強さを十分に認識していた明治政府は、日本が近代国家となるためには、欧米の近代国家から学ばなければならないと考えていた。そのためには、実際に欧米に使節団を送って欧米各国を視察し、そこから得られた知見に基づき、近代国家日本の方向を決定するのが良策であると判断した。

岩倉欧米使節団

　1871年12月、岩倉具視に率いられた日本の外交使節団は、横浜を出発し、翌年1月にサンフランシスコに到着した。その後、鉄道でネヴァダ州・ユタ州等を経てシカゴに到着、さらにワシントンに行きグラント大

統領に謁見し、次にフィラデルフィアに移動したのである。1872年6月22日から25日まで4日間フィラデルフィアに滞在した。この使節団は、総勢107名という大集団であった。明治政府の右大臣である岩倉具視を特命全権大使とし、木戸孝允、大久保利通、伊藤博文等を副使とし、その他書記官等の外交団46名、その随行員18名、欧米各国への留学生43名であった。留学生の中には、津田梅子をはじめとする日本最初の女子留学生5名が含まれていた。外交団の年齢は若く、その平均年齢は32歳であった。使節団の任務は、表向きには、江戸時代末期に条約を締結した各国へ日本の国書を奉呈することとその条約改正の予備交渉にあった。しかし実際には、欧米の近代国家の制度や社会の調査をすることが、最も大切な任務であったのである。この視察団の報告書は、随行員の一人であった歴史学者の久米邦武により、帰国後、『米欧回覧実記』として出版されている。この書物によると、「フィラデルフィアは人口ではアメリカ第二の都市であるが、街が清潔で美しいことは一番であり、製造業・貿易業、その他万般にわたって繁栄している。」と書かれている。また、「《フィラデルフィア》とは友愛という意味である。アメリカの国民は、人との交際は和やかで、特にフィラデルフィアの人は温和であり、また活気もある。アメリカ人が友愛の気性に満ちているのは、フィラデルフィアの考え方に基づいているのであろう。」と述べられている。使節団は独立戦争の時の最初の議事堂（現在のインデペンダントホール）も見学して、「ここに愛国者達が集まり、苦労して独立の権利を得たのだ。その時の有様はいかがであったかと想像する。」と当時を思いやり、議事堂の中に保存されていた自由の鐘も見ている。さらに、「フェアモント公園はスキルキル川を抱き、両岸が岡になっていて、山水の景観を備えた素晴らしい公園である。」と感嘆している。

　4日間のフィラデルフィア滞在を終えた岩倉使節団は、マーケット駅から列車でニューヨークに向かった。彼らは、その後、イギリス・フラン

ス・ベルギー・オランダ・ドイツ・ロシア・デンマーク・スウェーデン・イタリア・オーストリア・スイスを巡って、1873年9月に日本に帰国している。(*ibid*., pp. 13-15.)

アメリカ独立100年記念万国博覧会

　さて、今度は、フィラデルフィア独立100年博覧会とそれに参加した日本の話題について述べてみよう。

　初期のフィラデルフィアの人々は、1876年の独立百年博覧会の時に、日本の文物や建築物を見て、日本に関心を持ったのである。それはアメリカの独立100年を祝ってフィラデルフィアで開催されたものであった。日本の明治新政府が、公式にアメリカの万国博覧会に参加したのは、初めてのことであり、今回参加38国の仲間入りをしたのであった。

　百年博覧会の日本委員長は、西郷従道中将で、西郷は以前に一度1870年にアメリカに来たことがあった。日本側は1875年4月にはフィラデルフィアのペン・スクエア4番地に博覧会の準備室を開いた。特使のセキザワ・アケオ氏が東京の西郷中将と100年博覧会アメリカ総事務局長のアルフレッド・ゴショーン氏の連絡役を務めた。日本では活発な活動が始まっていた。政府は国中の職工に最高の陶磁器、七宝細工、ブロンズ鋳物の製作を指示し、職工達に図案を提供することもあった。

　1875年10月10日の締め切りまでには、約7,000箱もの製品が二つの日本館用の木材と屋根瓦と共に、フィラデルフィアへの船積みを待っていた。日本館の建築材料と大工達は11月に横浜を出発し、1876年2月22日には西郷中将とその一行も出港した。西郷中将がフィラデルフィアに到着後に住居としたのは、フェアモント公園の100年博覧会の敷地にある「日本風住宅」であった。この「日本風住宅」は建築中からすでに注目され、博覧会が公式に5月10日にオープンする前から人々を引きつけていた。フィラデルフィアの人々は、日本の大工が見慣れない文字や紋が

描かれている濃淡の法被を着て、木の足場に上り、家の木材の枠組みを釘を必要としないつなぎ方で組み立てるのを見たのであった。アメリカで最初の日本建築の屋根は緑の瓦で覆われていた。住宅を設計したのは加賀地方金沢出身のS・コムラ氏で、フィラデルフィアのこの場所に建築したのは東京出身I・マツオ氏である。マツオ氏は、博覧会のもう一つの日本館である「日本の売店」の建築者でもある。そこでは値のはらない陶磁器や彫り物や土産物のようなものが売られ、当時の話では、女性の買い物客に特に人気があったということである。

　日本政府による展示は、博覧会のメイン・ホールの中にあり、日本の出品者には約1,580平方メートルが割り当てられた。日本の展示の中で訪問者が最初に注目するのは、一対のブロンズの花瓶であった。その花瓶の鋳造は精巧で装飾はこっていて、竜、蛇、鳥、植物が描かれていた。ブロンズを鋳造する技術は皆に賞賛され、賞賛者の中にはアーネスト・フェノロサや博覧会の会長ジョセフ・R・ホーリー将軍もいた。そして会長自ら、仏塔の形をして頂上に象が乗っている大きなブロンズの香炉を購入したのであった。

　ブロンズ製品以外にも、日本の展示品には、有田・薩摩・京都・横浜やその他日本各地の陶磁器、漆の家具・お盆・重箱・七宝、織物、象牙彫りや木彫り、籠があり、茶会の道具の展示もあった。河鍋暁斎や塩川文鱗といった画家が描いた数枚の水彩画や、柴田是真の漆絵集もあった。フィラデルフィアにある陶器とガラス器の製造会社ティンデイル・アンド・ミッチェルの共同経営者であるヘクター・ティンデイル将軍が多くの展示品を購入した。この将軍が購入したものは、フィラデルフィア美術館に納められている。また、ペンシルヴェニア美術館（現在のフィラデルフィア美術館）も、日本コレクションを納めるため数点を直接購入したのである。

　アメリカ人が初めて日本の茶道と出会ったのも、1876年にフィラデルフィアで開催された独立記念100年博覧会においてであった。そこでは

茶会の道具が展示された。1893年のシカゴ万国博覧会では、日本の展示の一部として実物の茶室が設けられた。茶会を「ティ・セレモニー」と名付け、それについて記述した英語圏の著者はバジル・チェンバレンで、彼は、1890年に、『日本の事物』という著作でそのことについて述べている。

　ところで、茶会に対するアメリカ人の関心を高めたのは、1906年に、当時ボストン美術館東洋部部長であった岡倉天心が著した『茶の本』の出版によってであった。フランク・ロイド・ライトは、著者としても建築家としても、その作品で、日本建築に対するアメリカ人の意識を高めるのに貢献した。こうした文脈からすれば、フィラデルフィア美術館館長で建築史の研究者でもあったフィスク・キンバル氏が、アメリカの美術館の常設展示として、最初に日本の茶室を獲得したいと思っても不思議ではないのである。キンバル氏は、美術館東洋部長でフィラデルフィアの大富豪のホレイス・F・ジェイン氏に命じて、美術館に展示するための日本の建築物を探させたのである。1928年夏、ジェイン氏は、日本に旅行し、そこで茶室を手に入れたのである。その茶室は、仰木敬一郎氏（茶道名、魯堂）の邸宅の敷地内に建つ「寸暇楽」で、ジェイン氏の丁重な依頼に仰木氏が応えたものであった。その茶室は、以下のように構成されている。主人がすべての準備を終えるまで客が待つための「寄りつき」と呼ばれる小部屋があり、そこから「つくばい」を通って茶室へと、石の小道が続いている。茶室の裏には小さな準備室がある。そして茶室自体には2枚の畳と1枚の台目がある。台目とは、お茶をたてる間、主人が座る4分の3の大きさの畳である。主人の席にある曲線を帯びた中央の柱は、樹皮が付いたままの南天の木を切ったものである。床柱も樹皮が付いたままの赤松でできている。茶道の師匠であり、茶道具の収集家でもあった仰木氏は、蜂須賀家が所有していた古い茶室の材料を使用して、1917年東京の自宅の敷地内に「寸暇楽」を建てたのだった。「寸暇楽」という3文字の漢字は、

出雲の大名で茶道に造詣の深い松平不昧の書であると言われている。茶室は解体され、5箱に詰められてフィラデルフィアへ船で送られた。1929年株の暴落による大恐慌と大戦中の日本への敵意のために、フィスク・キンバル氏の日本の茶室を建てる案が実現したのは、1957年のことであった。(*ibid.*, pp. 23-25, *ibid.*, pp. 37-39.)

　フィラデルフィアで開催された独立100年博覧会で、日本の美術品を見て、フェノロサが賞賛したことについては既に述べたが、これとの関連で、日本美術のすばらしさをアメリカ及び世界に紹介し、「日本美術の父」と言われているアーネスト・フェノロサについてもう少し詳しく見てみよう。

　フェノロサは、今から100年以上も前に、日本の伝統的な美術品の優れた価値に気づき、それをアメリカ及び世界にいち早く紹介した人物である。フェノロサは、23歳の時、1876年に、フィラデルフィアで開かれたアメリカ独立100年記念万国博覧会を見学している。ここには日本から多くの美術品も展示されており、フェノロサはこの時初めて日本文化のすばらしさに接したのである。その意味で、フィラデルフィアはフェノロサの日本美術研究の原点であったと言える。2年後、フェノロサは日本政府に招かれて妻リジーとともに日本へ渡った。彼は、お雇い外国人の一人として、東京大学教授となり哲学を担当した。この間、彼は日本では明治維新後見捨てられていた日本美術のすばらしさに注目し、岡倉天心等の協力者とともに、日本美術の復興と啓蒙に努めた。文明開化の中、西洋文化一辺倒で、日本の伝統的な美術が軽んじられていた風潮の中で、フェノロサは日本の伝統的な美術の価値を再発見したのであった。岡倉天心は、このフェノロサの教えを受けて、伝統を基礎にした新しい日本画を生み出す「新古美術運動」の指導者となった人物である。

　またフェノロサは、日本美術品を多数収集し、アメリカに送った。やがてアメリカに帰ったフェノロサは、ボストン美術館の初代東洋部長に任命

され、さらに多くの日本美術品の収集と研究にあたっている。1908 年、彼はヨーロッパ旅行に出かけ、その途中のイギリスで亡くなっている。遺骨の一部は、生前の希望によって日本の三井寺にも埋葬された。フェノロサの二人の子供であるカノーとブレンダは日本で生まれた。長男カノーは 7 歳で亡くなったが、長女ブレンダは成人してのちブリンマー大学に入学した。のち、ボストンのマサチューセッツ工科大学でも学んでいる。その後彼女はフィラデルフィアに来て、実業家モンキュアー・ビドルと結婚した。ビドル家はフィラデルフィアではよく知られた実業家一族である。ブレンダは父の芸術的素養を受け継いだのか、造園設計に関心を示し、それを仕事にした。そして彼女は 1941 年と 1957 年の 2 度に渡り、父アーネスト・フェノロサの記念のために、日本美術品を百数十点あまりフィラデルフィア美術館に寄贈したのである。フェノロサが育てた有名な画家狩野芳崖の「雪柳雉子図」「飛竜児戯図」、同じく橋本雅邦の「毘沙門天図」「観音調停図」などの傑作が、この中に含まれている。その他、火鉢や袈裟など、フェノロサが日本で使用した日常生活品なども入っている。フェノロサは出家していたので、僧の衣服である袈裟も持っていたのである。そのため、フィラデルフィア美術館には、彼が大切にした日本美術品百数十点が今でも所蔵されているのである。(ibid., pp. 26-28.)

　これまで、フィラデルフィアと日本の関係史の中から、ペリー提督・岩倉欧米使節団・アメリカ独立記念 100 年博覧会・100 年博覧会と日本の茶道・100 年博覧会とフェノロサについて述べてきたが、今度は、日本からフィラデルフィアに渡った日本人について見てみよう。

(2) フィラデルフィアに渡った日本人留学生　津田梅子と河井道子

　津田梅子は、日本で最初にアメリカに留学した女子学生の一人である。

梅子は、佐倉藩士で農学者の津田仙の次女として生まれた。梅子が初めてアメリカに渡ったのは、1872年1月、5歳の時であった。アメリカにおける女性の自立と活躍の様子を見た明治新政府は、日本女性の指導者を養成するため、日本の若い女性5人をアメリカに送って勉強させることにしたのである。梅子は、その5人の中で最年少であった。梅子は、ワシントンのジョージタウンに住む親日派のチャールズ・ランメン、アデリン・ランメン夫妻の下で、親子のように可愛がられて育ち、また、アメリカ風の自由な教育を受けて勉学に勤しんだ。この間、フィラデルフィア郊外のブリッジポートのオールド・スウィズ教会でキリスト教の洗礼を受けている。梅子は、留学予定期間の10年よりも1年長くアメリカに滞在し、18歳の時、帰国している。日本に帰国した梅子には、自分の力量を発揮できる仕事がなかった。また、アメリカに比べて、あまりにも日本の女性の地位が低いのを見た梅子は、女子教育を自分の生涯の仕事にしようと決心するに至った。そして、1889年、25歳の時、再び渡米し、フィラデルフィア郊外にあるブリンマー大学に入学したのである。この大学は1985年に創立されたばかりで、新しい意欲に満ちた女子大学として知られていた。梅子はアメリカの知人たちの勧めもあって、この大学に入学したのである。ブリンマー大学で、彼女は生物学を専攻した。梅子は、文学面にも優れていたが、理科的な学科の能力に秀でており、またこうした学科が好きだったのである。この大学で優秀な成績を収め、能力を認められて研究者として残るように勧められたが、日本の女子教育に尽くしたいという彼女の意志は固く、3年後に帰国したのである。このブリンマー大学には、恵泉女学園の創立者となった河井道子も入学している。彼女は、第2次世界大戦前の日本の代表的女性教育者であり、また、「太平洋の架け橋」となることを目標にした国際派の知識人でもあった。（吉田　亮編『アメリカ日本人移民の越境教育史』234頁参照。）

　日本での女子教育に備えるため、彼女は、アメリカ滞在中にオンタリオ

湖の湖畔にあるオズウィゴー師範学校で、教育・教授法の研究を行った。日本に帰国後、女性の高等教育学校を東京に開学した。その名を女子英学塾と名付けた。1900年のことであった。最初の入学者は10人であったが、梅子の理想に燃える教育の下、入学者は次第に増加していった。フィラデルフィアの名門、ウイスター・モリス夫人等の資金援助の支援により、この学校の設立は可能となったのである。梅子は、ブリンマー大学在学当時から、このモリス夫人等が中心となって集めてくれた8千ドルの日本女子留学生基金のお世話になっていた。モリス夫人等は、この女子英学塾設立基金として、当時の金で、4千ドル、続いて2万ドルを集めてくれたのである。（朝倉稔生「フィラデルフィア補習校の思い出」、フィラデルフィア日本語補習校編『フィラデルフィア日本語補習校25周年記念誌』8頁参照。）この女子英学塾が、今日の津田塾大学である。一生を女子教育に捧げた梅子は、1929年に65歳で逝去している。この縁で、ブリンマー大学と津田塾大学は今日に至るまで姉妹校として提携をし続けているのである。(*ibid.*, pp. 47-49.)

新渡戸稲造と野口英世

次に、新渡戸稲造とフィラデルフィアとの関係について見てみよう。

新渡戸稲造は、1862年に岩手県盛岡市で士族の家に生まれた。彼の家族は、土地改良計画を通して、北日本の経済発展の先頭に立っていた。新渡戸は札幌農学校で学び、ウィリアム・S・クラーク教授の感化を受けたのであった。クラーク博士は、生徒はキリスト教に改宗するべきであると主張し、「少年よ、キリストにあって大志を抱け。」という有名な言葉を贈ったのであった。1883年、新渡戸は東京帝国大学に入学し、「我、太平洋の架け橋とならん」という人生の目標を立て、彼の生涯をその大志実現のために捧げようと誓ったのであった。それは、日本と西洋の相互理解と協力と進歩のために、日本文化を西洋に、西洋文化を日本に伝える

ことを意味していたのである。1884年、新渡戸は東京帝国大学を休学して、米国、メリーランド州ボルチモアにあるジョンズ・ホプキンズ大学に入学した。この大学は、クエーカー教徒の商人ジョンズ・ホプキンズの寄付により1876年に創立された大学で、アカデミックな伝統で知られていた。彼の級友には、ウッドロウ・ウイルソンやジョン・デューイがいた。彼は、そこで、信念に裏打ちされた熱心なクエーカー教徒になり、クエーカー教徒の質素と熱意の気質をこよなく愛したのである。彼は、このクエーカーの気質は、日本の武士道と相通ずるものを持っていると考えていた。1887年、新渡戸は、フィラデルフィア郊外のウイスター・モリス夫人の家（現在はフレンド・セントラル学校のキャンパス内）で催された会合に招待され、クエーカー教徒のフレンド外国人宣教師会の人々に話をしたのである。このモリス家では、毎週土曜日に日本人のための聖書の会が開かれていたのである。それは、クエーカー教徒のフレンド派の人達が、極東の国、日本にキリスト教を広めようとし、そのために先ず、日本の話を聞こうということから発足した会合であった。そのため、アメリカに留学中の新渡戸稲造と内村鑑三がこの会合に招待されたのであった。(*ibid.*, pp. 53-55. 浅倉稔生、前掲書、8頁参照。)

　1900年にペンシルヴェニア大学医学部に留学した野口英世もこの会合に頻繁に出席していたのである。そこで、次に野口英世について述べてみよう。

　野口は、1886年、日本の東北地方の貧しい農家に生まれ、2歳の時、燃えさかる囲炉裏に転げ落ち、そのときのやけどにより、左手の自由を失った。このため、農業をすることは無理なので、生きる道はよく勉強すること以外にないと母親に言われた。彼は、この母の言葉通りに猛然と勉強に勤しみ、その才能を表したのである。野口の先生達は、この優秀な生徒のために金を出し合って彼の左手を直してやろうとし、当時外国でトレーニングを受けた渡辺医師のもとに送った。そして、手術の結果、野口

の左手は少しではあるが使えるようになった。野口は中学を卒業した後、この渡部医師のもとで書生として働き、この渡部医師から医学を学び、また修得したのである。この成果が実り、数年後東京で難関の開業医試験に合格したのである。医師の免許を得たものの左手のこともあり、野口は北里研究所で働くことになったのである。この研究所で、彼の恩師となるサイモン・フレスクナー博士に出会うことになるのである。野口は、北里研究所に勤務していた時、北里研究所を訪問したペンシルヴェニア大学医学部教授サイモン・フレスクナー博士の通訳をし、そのときフレスクナー博士に留学の希望を伝えると、「ザッツファイン」と言う外交的な返事をもらったので、それを頼りに1900年12月、フィラデルフィアに留学したのであった。帰りの旅費さえ持ってこなかった彼の処遇のため、博士は自分の蛇毒の研究を引き継いでくれる研究者を探していた先輩のワイヤー・ミッチェル博士に相談し、ミッチェル博士の研究室で研究する機会を与えてくれたのである。仕事の機会を与えられた野口は、切磋琢磨し、多くの研究論文を発表し、彼の才能を開花させたのである。その後、当時研究が始まったばかりの免疫学について学ぶため、デンマークのマドセン博士のもとに留学し、そこで、山羊に蛇毒を反復注射することにより山羊の血液内に抗体が得られること、この抗体を含んだ血清を与えると毒蛇に噛まれた山羊の命を救えることを発見したのである。1904年、野口は、フレスクナー博士と共に、ロックフェラー研究所を発足させるために、ニューヨークに行くことになった。野口は、そこで当時猛威を振るっていた梅毒の研究を行い、梅毒診断のための血清診断法を確立し、また、梅毒の原因であるスピロヘータの純粋培養に成功したのである。この研究により、世界的研究者として認められ、多くの国に招かれることになったのである。彼は、やがてアフリカのガーナに行き、当地で流行していた黄熱病の研究を行うが、自らもその病に感染し、死去するに至るのである。医学研究の先駆者、野口英世の名は、日本やアメリカなど多くの国で知られている。

野口博士のこの生涯は、医学や研究者の道を志す多くの人々にとって、今なお新鮮な刺激と激励を与える物語なのである。(*ibid.*, pp. 61-63.)

　ところで、再び話を元に戻して、新渡戸稲造について続けて述べていくことにしよう。新渡戸の『武士道』という本は、新渡戸がこのモリス邸の会合で話した話が元になったと言われている。(前掲書、朝倉稔生、8頁参照)

　さて、この会合での彼の話の聴衆の中に、メアリー・パターソン・エルキントンがいたのである。彼女は、女性の福祉と権利に関する問題に深い関わりを持っており、日本の女性教育に関する新渡戸の意見に感銘を受けたのである。この後、彼がヨーロッパに留学後、新渡戸とメアリーは女性の諸問題について手紙を交換することになるが、それが、彼らを生涯の伴侶として結びつける機縁となったのである。メアリーは、1857年フィラデルフィアの著名な富豪のクエーカー教徒エルキントン家で生まれた。フレンド・セレクト学校で教育を受け、両親のジョセフ・S・エルキントンとマリンダ・エルキントンと一緒に暮らしていた。父親は、事業に成功し、その会社は発展してフィラデルフィア・クオーツ会社となった。彼は、事業に成功していたが、それだけではなく、社会正義に傾倒する心の広い寛大な人物であった。彼は、稲造のことを常に賞賛していた。稲造とメアリーは、互いに愛し合って結婚することを誓うが、両親は遠い異国の日本に自分の娘を嫁がせたくはなかったので、その結婚に反対であった。稲造とメアリーは、メアリーの兄弟の承諾を得た後、クエーカー教徒との月例集会の同意を得ることができたのである。結婚式には、出席しなかった両親も、彼らが日本に出発する直前にその結婚を祝福したのである。その時、稲造は、母校の札幌農学校の教授となることが決まっていたのである。

　メアリーと稲造は、結婚相手であると同時に仕事上の仲間でもあった。メアリーは教育に強い関心を抱き、少額の相続財産を使って、日本で最初

の成人向けの夜学である「遠友夜学校」を札幌に創立した。稲造は、札幌で教えたほか、京都大学、東京大学で教え、名門の第一高等学校の校長や東京女子大学の初代学長を務めた。彼は、ブリンマー大学の二人の卒業生、津田梅子と河井道子が日本で女子学校を創立するのを援助し、また東京のフレンド会女学校の後援者となった。東洋と西洋の相互理解と相互交流を進めるため、彼は、『武士道―日本の魂』という本を書いたのである。その本で、武士道を西洋の騎士道に似た精神的道徳的制度として把握したのである。その本は、好評を博し、10以上の言語に翻訳された。彼のそのほかの著作には、ウィリアム・ペンの伝記もある。彼は、国際人として相応しい国際連盟事務次長の仕事も行った。1932年、フィラデルフィアのクエーカー派の大学、ハバフォード大学は、彼に法学の名誉博士号を授与した。1933年、稲造はカナダでの会議の後、病を得て、9月12日、ブリティッシュ・コロンビアのビクトリアで死去した。3,000人の会葬者が参列した東京の国葬の後も、メアリーは日本に住み続け、遠友学校を監督し、日本で最初の動物愛護協会設立に尽力した。彼女は、夫と共に暮らした軽井沢の山荘で1938年に死去した。稲造は、日本で最初の最も著名な国際人の一人と認められている。1948年には、彼の肖像が5,000円札に載せられることになった。(ibid., pp. 55-56.)

　これまで、個人中心の視点から、フィラデルフィアと日系人との関係史を俯瞰してきたが、次は、コミュニティという集団中心の視点に立って、その関係史を見てみよう。

(3) 日系移民とフィラデルフィアとの関係史、フィラデルフィア在住の初期日系移民

　1860年から1920年にかけて、アメリカ合衆国に様々な国から移民が入ってきたが、そのうち、246,000人、すなわち0.0086％が日本から

の移民だった。1920年の調査によれば、アメリカ生まれの子供を含めて、日本人は11,010人いたのである。初期の日本から移民は、勉強のため、あるいは日本と貿易事業を始めるためにきたのである。1905年までに、幾人かの学生達が、ペンシルヴェニア大学やブリンマー大学などの、フィラデルフィア地域のレベルの高い学校に学びにきたのである。初期のフィラデルフィア居住者の中で、ヨウスケ・W・ナカノがペンシルヴェニア大学から建築学の修士号を取り、ジェファソン病院とアーキテクツ・ビルディングの建築を引き受けた。ウィリアム・ヨサブロウ・オカモトとリチャード・トキゾウ・オカモト兄弟は、チェスナット・ストリートの1011番地に店を構え、絹シャツの仕立てを営んだ。

　第2次世界大戦以前のフィラデルフィアの日本人居住者には、他に、医者、歯科医、写真家、彫刻家、大工などがいた。アメリカ市民になることは、法律では1925年まで認められなかったが、幾人かの日本人はアメリカ人女性と結婚した。そしてこの地域には20あまりの家庭があり、様々な地域社会に溶け込んだのである。

シーブルックの日系人コミュニティとフィラデルフィア日系市民協会

　日本とアメリカの間に戦争が勃発し、フランクリン・D・ルーズベルト大統領は、1942年2月19日、大統領行政命令9066号に署名した。そして、115,000人の日本人と彼らのアメリカ生まれの子供達が、家や財産をただ同然に没収され、トランク2個のみで強制移動させられ、アメリカ全土にある収容所に収容させられたのである。皮肉なことに、この移住により、西海岸地方に多く居住していた日系人達が東海岸地域に移り住むきっかけとなったのである。かつて西海岸に住んでいた日系人とその両親は、集団移動を開始したのである。日系人の収容所での教育や収容所からの解放には、平和主義者のクエーカー教徒の人達の尽力が大きかったのである。フィラデルフィア日本人キリスト教会の2人の長老の聞き取り

ニュージャージー州シーブルック博物館

　調査の話では、心あるクエーカー教徒の人達が、日系人の住んでいた家や財産を預かってくれていたので、家や財産を失わなかった人達もいたのである。この感謝の念から、クエーカー教徒になった日系人もいたのである。このことについては、5章のフィラデルフィア日系人キリスト教会の事例を検証する時に、再度具体的に論じることにする。

　収容所から解放された彼らは、職を求めて、日系人労働者を受け入れてくれるシーブルック農場に大挙してやってきたのである。彼らは、ニュージャージー州の南部のシーブルック農場に働きに来たのである。チャールズ・シーブルックは、世界最大の冷凍食品産業の創始者であり、多くの労働力を求め、日系人にも働く機会を提供したのである。1946年までには、2,300人以上の日系人がニュージャージー州のシーブルックに居住することになったのである。(*ibid.*, pp. 64-65.)

　以下に述べるシーブルック農産物工場とシーブルックの日系人寺院や日

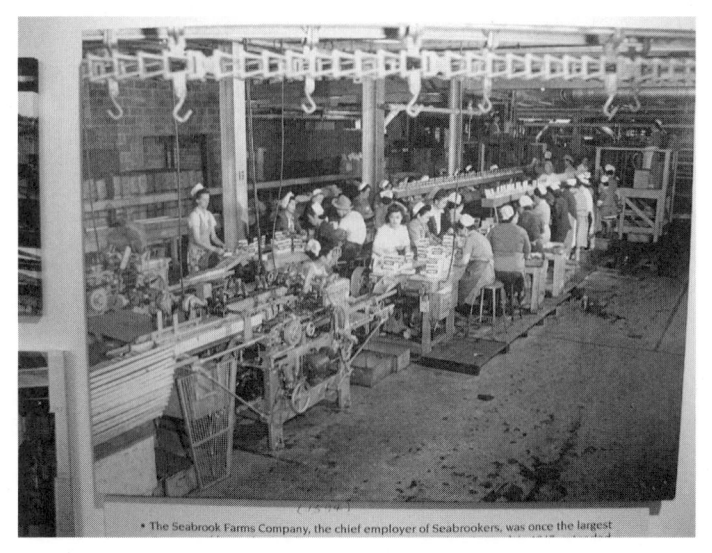

第3章　フィラデルフィアと日系人との関係史　53

ニュージャージー州シーブルック農産物加工工場

系人コミュニティについてのデータは、ニュージャージー州のシーブルック博物館の視察及び聞き取り調査と日系人寺院の視察と聞き取り調査から得られたものである。

　日系人は、シーブルックの外国人労働者全体の中で半数を占めていたのである。シーブルックの農場では、フォードシステムを農業に導入し、ベルトコンベアーによる流れ作業で農産物の処理を行っていた。農地の開墾・農産物の刈り入れ・水まき等、全て機械を導入して効率的な作業を行い、また、農産物が適切に育ち、質の良い農産物が出来るように、農業専門家による科学的管理が行われていた。当時としては、最新の技術を駆使した最も先進的な農場だったのである。労働に応じて、労働者に賃金が払われるのは言うまでもないことであるが、労働だけではなく、労働者一家の生活全般に渡る世話も行っているのが、シーブルックの特徴でもある。労働者のための住宅を建設し、労働者の子弟の教育のために、学校施設の

ニュージャージー州シーブルックの浄土真宗寺院

建設と教師を雇い、また、スポーツや娯楽や文化施設を作り、外国人労働者のために、楽しみや憩いの場を提供したのである。

　日系人は、盆踊りやお茶やお花や太鼓やお祭り等を享受したのである。また、シーブルックには、日系人の心のよりどころであるお寺もある。現在残っているお寺は、浄土真宗のお寺で、その施設は、日本のお寺のような畳がなく、キリスト教の教会とよく似た靴のまま入ることが出来る施設であり、教会の讃美歌と同じような五線譜に書かれた仏教讃美歌の本と浄土真宗のお経である阿弥陀経が信徒が座る席に置かれている。それ以外に、後ろの本棚にも、仏教讃美歌とお経の本が置かれている。一番前の真ん中には、阿弥陀如来が安置されている。一番前の左側には、お坊さんの説教壇と説教やお話の際に使う黒板が置かれている。ニュージャージー州のシーブルックには、アメリカ東海岸にはまれな日系人のコミュニティが形成されたのであり、現在もそのコミュニティが残っているのである。

1947年に、地域社会の活動を提供し続け、多くの社会奉仕機関や教会で働いてきた日系人のグループが、日系市民協会（JACL）のフィラデルフィア支部を作った。JACLは最も古く大きい日系アメリカ人の組織であり、1929年に西海岸で創立された。今日、アメリカ中に112の支部があり、25,000人の会員がいる。JACLフィラデルフィア支部は、第二次世界大戦中の日系人の強制移動と収容という、違憲行為に対して補償を求める運動に最も活発に参加した支部の一つである。運動によって、1988年、ロナルド・レーガン大統領が市民的自由法に署名し、大統領行政命令9066号犠牲者への謝罪と、80,000人への賠償金の支払いがなされたのである。今日、日系アメリカ人は、地域社会のあらゆる面やあらゆる職業において活発に取り組んでいる。ロータリー、ライオンズのような親睦団体に所属したり、地域の教会の長老を務めたりしている。日系アメリカ人はアメリカの主流に属しており、また、先祖伝来の文化も継承し、生け花や折り紙、日本料理等の日本人の技術や知識を、他のアメリカ人に伝えているのである。(*ibid.*, p. 66.)

フィラデルフィア日米協会

　最後に、現在のフィラデルフィアの日系人の組織として、フィラデルフィア日米協会について言及して、この章の結びとしよう。フィラデルフィア日米協会については、日米協会の事務局専務のCに添付ファイルで調査票を送信し、その調査票の回答や郵送されてきた日米協会関係資料から得られたデータを用いて論述を行っている。

　フィラデルフィア日米協会は、フィラデルフィア地域における日本人とアメリカ人の交流・親睦を図るために、1994年に設立された。それ以来、ビジネス・文化・教育・政治の各分野において活動を推進している。フィラデルフィア日米協会は、地元のアメリカ人の理事が中心となって運営されている団体である。会員、参加者、ボランティアのほとんどが現

地のアメリカ人によって構成されており、日本人の参加者は20％以下である。地元のアメリカ人に対しての日本文化の紹介と日米交流を目的としている。移民間の交流は、目的となっていない。日米協会の現在の会員数は、ARAMARK・AstraZeneca・Subaru of America・Morgan, Lewis & Bockius・Rohto-Mentholatum Research Laboratories 等の企業会員31社、International House of Philadelphia・Philadelphia Museum of Arts・University of Pennsylvania 等の NPO19社、個人会員170名である。日米協会は、市内にある事務所で、フルタイム2人、パートタイム2人の併せて4人が勤務している。運営の基本方針（予算、プログラム企画）は、事務局が3ヶ月毎に開催される理事会に提示し、理事会で検討された後に、決定された方針に基づいて事務局が施行している。年4回開催される理事会では、時期に応じて収支決算等の報告や年度の計画等が話し合われる。理事会の人数は、現在約30人である。ほとんどが、日米協会の主要プログラムを実行するための企画委員会（コミティー）に参加し、各プログラムの企画運営を監督する。理事達は、それぞれが属する企画委員会に、年4回の理事会の他に、参加することを要請される。役員は、フィラデルフィア市内及び郊外に存在する会社、もしくは団体から参加している。役員数は、設立当初は、約15名で始まったが、その後現在まで、30～40人ほどの人数で推移している。減少の主な理由は、役員の定年退職、転職であるが、常に新しい理事の確保に努力している。運営資金は、スポンサー費82％、会員費8％、個人寄付5％、基金5％の割合となっており、スポンサー費を中心に、それに会員費や個人寄付や基金を加えて運営されている。日米協会の参加者は、20歳から30歳代が半分、残りが40歳以上60歳代までとなっている。参加者の数は、設立時の1994年は、300人であったが、2008年現在は、41,500人となっている。広報は、ウェブサイトの広報を中心とし、毎週Eメールで送信するE-newsletter で行っている。ただ、桜祭りに関しては、広報専門会社

第3章　フィラデルフィアと日系人との関係史　57

と契約し、メディアへの宣伝を一任している。フィラデルフィア地域での活動を中心としているが、その他に、ニューヨーク市内にある日系組織やワシントンDCにある団体とも交流が盛んである。また、日本との交流もあり、姉妹都市である神戸市との交流も、フィラデルフィア日米協会がフィラデルフィア市当局と協力しながら推進している。また、日本からフィラデルフィア市への贈り物として、グリーン化を目的に始められた桜の木の植樹は、現在も継続されている。市内を縦断する米国で一番大きい市内公園のフェアモント公園に、最初の1,000本の植樹を行うことを計画し、それは、2007年に完成した。その後は市内のあちこちにあるCommunity Parkと呼ばれている小さな公園に、毎年10本ほど桜の木を寄付して植樹を行っている。その他に、日米協会が主催する定期行事として、スバルフィラデルフィア桜祭り・フィラデルフィア―ジャパン健康科学ダイアローグ・名刺交換会・各種講義とセミナー・映画上映会・フィラデルフィア美術館ガイド付きツアーと昼食・ゴルフ大会・日本祭り（セレブレイトジャパン）・ジャパンボウル（日本語コンテスト）・日本語会話クラブが挙げられる。そのうち、2008年に開催された桜祭りとフィラデルフィア―ジャパン健康科学ダイアローグについて見てみよう。

　桜祭りは、4月初旬から2週間くらいに渡って行われる。ARAMARK桜祭り・玉川大学生による太鼓と踊り・寿司作り教室・日本料理品評会・桜サンデイ（お花見・歌・踊り・武道・茶道・折り紙・書道・指圧・日本料理等）・忍術・アマチュア寿司作りコンテスト・野点・着物の着付け・武道（合気道・空手・剣術）・カラオケ・日本料理店の20％割引サービス・日本映画・桜祭り写真コンテスト・日本の物語の読み聞かせ・ペンシルヴェニア大学モリス森林公園（日本庭園ツアー・俳文・桜祭り女王の訪問・弓道の実演・茶道）等がその期間に行われる。

　健康科学ダイアローグは、「ワクチン―新たなる進路」というテーマを設定して開催された。その趣旨説明では、次のように述べられている。

「景気の動向、製薬業界内の合併などが主な原因となり、ワクチン市場への大がかりな参加は長年にわたり減少する傾向にあった。しかしながら、その業界統合と景気のあり方が今は流れを逆の方向に動かし始めた。ワクチンの国際市場は今後10％から15％ほど成長するという予測もされてきている。例えば、メルクとGSKは子宮頸癌予防のための新しいワクチンを開発した。GSKはさらに、インフルエンザのためのワクチン国際市場をもっと拡大するために、いくつかの企業を買収したし、アストラゼネカとノバティスは、買収を介してワクチン業界に新たに進出してきた。世界的な規模で現在、ワクチン研究に従事している新しいバイオ企業の数は急激に増加してきている。その中で、世界第2の経済国である日本では、アメリカとヨーロッパに比較すると、何とほんのわずかなワクチンしか製造していない。

第9回『フィラデルフィア―ジャパン健康科学ダイアローグ：ワクチン―新たなる進路』では、ワクチン分野の先端を担うリーダーが集まり、現在なぜワクチン市場に新たな関心が起きているのかを、経済、政策、技術革新の面から議論する。」

2008年のこの企画は、この分野に詳しい15人のメンバーによって議論され、企画立案されたのである。この会議は、10月20日と21日の2日間に渡って、The Union League of Philadelphiaで開催され、この分野の専門家達による議論が行われた。日米協会では、今現在フィラデルフィアに住む日本人以外のアメリカ人の各年代層が、日本に関してどんなことを知りたいのか、どんなイベントをしてもらいたいのかを、常に的確に把握していくことが最も大切だと考えている。従って、どうしたら地元の人間に喜んでもらえるプログラムを、文化、ビジネス、教育の各分野において、立ち上げていくかが、日米協会の課題であるし、今後の目標でもある。

第4章　フィラデルフィアの宗教事情

(1) 宗教的自由精神の町フィラデルフィア

　古くから産業化が行われたアメリカ合衆国の多くの都市では、経済的なブームが過ぎ去ると、都市の荒廃が起こったが、フィラデルフィアもまた同じ傾向にあった。他の点では、宗教史を含めて、フィラデルフィアは、非常に独特の特徴を持った都市であった。1683年に、ウィリアム・ペンが彼の理想郷の試みの場として、フィラデルフィア市を築いたのである。フィラデルフィアとは、ギリシャ語で「友愛」を意味する言葉であり、彼は、自分の理想を表現するために、その町の名前をフィラデルフィアと名付けたのである。クエーカー教徒として、ペンは、自分の作ったこの共同体を、あらゆる宗教が互いに平和で公平に取り扱われる市民社会として構想していた。しかし、初期においては、第2通りとマーケット通りの交差した場所にあるクライストチャーチができるまでは、宗教的な集会としては、クエーカーの集会場があるだけであった。
　ペンの作ったこの町が発展し、交易の中心地となり、ドイツやスコットランドやアイルランドの移民が流入してその数が増大すると、フィラデルフィア市とその周辺地域は、ルター派教会やドイツ改革派教会や長老教会の主要な中心地となった。その後、宗教的な自由、すなわち、あらゆる宗教が自由に宗教的行為を行うことができる権利を主張したバプテスト派が英国のウエールズから、この町に入ってきた。1700年代の中葉において

フィラデルフィア市内のクエーカーの集会所

は、北アメリカの他の植民地が、ローマカトリック教の流入を拒否したのに対して、フィラデルフィアは、ローマカトリック教に門戸を開放し、その流入を認めたのである。このことは、すべてのフィラデルフィアの住民がローマカトリック教を歓迎し、その価値を認めていたことを意味するのではない。フィラデルフィアでも、ローマカトリック教に対して、殴り合いのけんかが起こったり、その教会に火をつけたりしたが、ニューヨークやボストンやその他の都市に比べると、その程度は少なかったのである。多様な宗教が共存するこの町は、アメリカ合衆国におけるユダヤ教徒の中心地にもなったのである。植民地時代の末期までには、フィラデルフィアのユダヤ人コミュニティは、全米で最大の規模になったのである。その後、この町は、全米におけるユダヤ人の教育及び神学を学ぶ上での中心地となったのである。この町には、白人メソジストの代表者も存在したのである。さらに、この町は、全米におけるアフリカンメソジスト監督教会の

第 4 章　フィラデルフィアの宗教事情　61

マザーベテル・アフリカンメソジスト監督教会

魁となった全米最初の独立黒人メソジスト教会が誕生した場所でもある。その教会の指導者となったのは、リチャード・アレンとその他のアフリカアメリカン達であった。リチャード・アレン達が指導した教会は、現在、マザーベテル・アフリカンメソジスト監督教会と呼ばれ、パイン通り及びロムバード通りの間と第 6 通りが交差する地点にある。

　全米の多くの都市と同じように、フィラデルフィアもまた、19 世紀から 20 世紀初期にかけて急速に発展した。産業化により、衣服や織物を生産する手工業の工場、機械の道具と金属製品の工場、靴とブーツの工場、製紙や印刷の工場、製鉄と鋼の工場、材木工場が建設されたのである。産業化に伴い、労働者を必要とするフィラデルフィアは、第 1 次世界大戦中と大戦後に、ヨーロッパ移民と南部の黒人の出稼ぎ労働者の第一波を吸収することになったのである。路面電車と自動車が人々の移動能力を増加させると共に、市の人口の大部分が郊外に移動していくことになった。

フィラデルフィア地域の人口は、1950年代、1960年代、1970年代を通じて増加し続けたが、都市の中心地域の人口は、1950年頃を頂点にして、その数十年後には急速に減少していった。第2次世界大戦前には、都市中心地域の人口は、黒人が少数で、白人の数が大部分を占め、黒人に対して優位していたが、2000年のアメリカ合衆国の国勢調査によれば、郊外地域は、圧倒的に白人が多いのに対して、都市中心地域の黒人と白人の比率は一対一に近くなったのである。産業労働者の失業が数万人に達すると共に、低所得労働が蔓延し、都市に貧困者が集中することになった。

　20世紀初頭におけるフィラデルフィアの経済と人口統計については、上記のように、よく知られているのだが、宗教事情については、ほとんどよく知られていないのである。そこで、本章では、フィラデルフィアの正確で広範囲な宗教事情の概要把握を目指すことに努めたい。それが、本章の目的であるからである。そのために、フィラデルフィア地域の宗教集団数、また、このことの地域的意味や社会的意味、その宗派的配分と宗派数の把握から始めたい。また、宗教集団の地理的位置、店先の教会と大教会の地域的配置、その礼拝所とその特徴や会員の住居と礼拝所の関係についても述べることにしたい。最後に、フィラデルフィアの宗教集団の周りにある生活条件について検証することにする。

　ところで、ここで論じる宗教集団とは、1．共通の同一性を有する結束した集団、2．持続的な基盤を持ち、規則的に会う集団、3．主として宗教的礼拝または宗教的説教や儀礼の霊的な実践を行うために共に集まる集団、4．指示された場所に集まり、そこで宗教的実践または霊的実践を行う集団、5．自発的に集まる集団で、そこで共に働いたり生活したりする必要のない集団、6．同じ指導者や指導者集団や他の何らかの公式の意思決定機関を持っている集団、7．公式の名前を持つ集団で、宗教的目的や霊的目的及び同一の精神を伝える公式の組織を持つ集団という7原則に該当する集団のことである。(Ram A. Cnaan, pp. 13-14.)

では、以下、上記の宗教集団数、その地域的意味や社会的意味、その宗派的配分と宗派数、宗教集団の地理的位置、店先の教会と大教会の地域的配置、その礼拝所とその特徴や会員の住居と礼拝所の関係、宗教集団の周りにある生活条件について見てみよう。

(2) フィラデルフィアの宗教集団数

　フィラデルフィアの活動的な宗教集団数は、2,120 である。2000 年のアメリカ合衆国の人口統計によれば、フィラデルフィアの居住人口は、1,517,550 人である。この居住人口と宗教集団数を基にして平均値を計算すると、フィラデルフィアには、716 人の居住者に対して 1 宗教集団が存在するということになる。また、他の表現を使うならば、人口 1,000 人に対して、1.4 の宗教集団が存在することになる。この比率が国家にも当てはまるとするならば、アメリカ合衆国の地域的な宗教集団数は、393,000 と算定される。フィラデルフィアの宗教集団の会員数が、322 人であるとすれば、この町の 45％の居住者が、活動的な宗教集団の会員であることになる。ここで言う、活動的会員というのは、少なくとも毎月礼拝に出席し、牧師や他の会員によく知られている人のことを指している。たいていの多くの人々は、宗教集団と提携しているが、活動的会員ではないのである。宗教集団の提携会員は、あまり教会に行かない人達で、休日や危機の時代にのみ出席し、あるいは、宗教集団の正規のバックアップをしない人達である。これらの人達は、メーリングリストや名簿で知られている人達である。カトリックの伝統では、これらの人達は、教区に住んでいる人達であり、週毎に礼拝に来ることを期待されている人達であるが、年に 1 回来るかほとんど来ない人達である。こうした人々は、フィラデルフィアの現存の 2,120 の宗教集団の中で、宗教的需要を持っている人達なのである。こうした提携メンバー数は、普通には、1 宗教集

団に対して584人である。この数字は、フィラデルフィア市に、全体で1,238,080人の提携会員がいることになる。言い換えるならば、この町の居住者の約80％が提携会員ということになる。この数字は、あまりにも過度の数字である。その数字は、同じ人を何度も数えた結果であると考えられる。そうだとすれば、人々の中には、一つ以上の宗教集団と提携している人達がいることになる。この数字は、たいていのフィラデルフィアの住民は、一つもしくはそれ以上の礼拝所と結びついていることを示しているのである。

　ほとんどすべてのアメリカ合衆国の都市に存在する宗教集団は、二つの主要な傾向性を示している。最初に挙げられるのは、宗教集団が移民の流入や宗教的優越性といったその都市の歴史的特性を表しているということである。第二は、宗教集団が最近の宗教的成長の傾向性を表しているということである。新しく再生された宗派は、新たな会員を加入させるための手段や、新たな霊的場所を探している人々に対して、彼らの信仰を捧げるための手段として、新たな宗教集団の種をまき、その達成を行うのである。例えば、南部バプテストの大会は、2000年と2003年にかけて、フィラデルフィア地域に23の新しい教会を創立したのである。特に成功の見込みがある有望な宗派が、少なくともフィラデルフィアに一つの教会を持つことができるように、多くの宗教集団が特別に形成されることになったのである。フィラデルフィア全体としては、1,392の宗教集団の中に181の異なった宗派があり、平均すると、1宗派に対して8の宗教集団が存在しているのである。しかしながら、実際の配分状態は一様ではないのである。ローマカトリック教会は、フィラデルフィアに最も多くの宗教集団を持っている。その数は、135で、全体の9.7％である。フィラデルフィア市には、320のバプテスト教会があり、それは市全体の23％であるが、それらのバプテスト教会は、20の異なった宗派に分かれているのである。

第 4 章 フィラデルフィアの宗教事情

聖ペテロと聖パウロのカトリック大聖堂

　フィラデルフィアにある特殊な宗派は、135 あって全体の 9.7％を占めるローマカトリックや、73 あって全体の 5.2％を占める長老派教会 (PCUSA) や、67 あって全体の 4.8％を占めるナショナルバプテスト教会や、67 あって全体の 4.8％を占める南部バプテスト教会や、58 あって全体の 4.2％を占めるユナイテッドメソジスト教会や、56 あって全体の 4％を占める監督教会や、54 あって全体の 3.8％を占めるアメリカンバプテスト教会や、39 あって全体の 2.8％を占めるアメリカ福音ルター派教会や、32 あって全体の 2.3％を占めるキリストの教会や、24 あって全体の 1.7％を占めるアフリカンメソジスト監督教会や、21 あって全体の 1.5％を占める進歩的ナショナルバプテスト教会や、21 あって全体の 1.5％を占める神の集会や、15 あって全体の 1.1％を占める会衆派のユナイテッドチャーチ・オブ・キリストのどれかに含まれるのである。
　それに加えて、単立教会集団が上記のものより、大きな集団を形成し

ているのである。例えば、79あって全体の5.7%を占める単立ペンテコステ教会や、48あって全体の3.4%を占める単立バプテスト教会や、34あって全体の2.4%を占める使徒教会がそうである。非キリスト教系の宗教集団としては、13あって全体の0.7%のイスラムのモスクや、35あって全体の2.5%のユダヤ教のシナゴーグや、10あって全体の0.7%の仏教集団や、6つのアジアの非ユダヤ非キリスト教系の宗教集団や、4つのアフリカ宗教系の宗教集団が、フィラデルフィアには存在している。(Ram A. Cnaan, pp. 24-26.)

　アメリカ商務省国勢調査局編の2007年度版によれば、2001年の成人の自己申告による宗教帰属のうちキリスト教会系教会の全米12位までを挙げると、第1位は、カトリック教会で50,873,000人、第2位は、バプテスト教会で33,830,000人、第3位は、メソジスト教会で14,150,000人、第4位は、ルター派教会で9,580,000人、第5位は、長老教会で5,596,000人、第6位は、ペンテコステ教会で4,407,000人、第7位は、監督教会で3,451,000人、第8位は、モルモン教で2,787,000人、第9位は、キリストの教会で2,593,000人、第10位は、会衆派のユナイテッド・チャーチ・オブ・キリストで1,378,000人、第11位は、エホバの証人で1,331,000人、第12位は、神の集会で1,106,000人となっている。順位は、前後したり、ないものもあるが、全米の第1位から第12位までのキリスト教系教会の中に、上記のフィラデルフィアのキリスト教系の教会も含まれており、全米の傾向に大体沿ったものとなっている。

　同じくアメリカ商務省国勢調査局編の2007年度版の2003年の州別ユダヤ人人口のうち、全米第5位までを挙げると、第1位は、ニューヨーク州の1,757,000人、第2位は、カリフォルニア州の999,000人、第3位は、フロリダ州の620,000人、第4位は、ニュージャージー州の485,000人、第5位は、ペンシルヴェニア州の282,000人となっている。フィラデルフィア市を含むペンシルヴェニア州のユダヤ人人口は、現在で

フィラデルフィア市北部のユダヤ教会堂

　も全米第5位の人口となっている。ペンシルヴェニア州第1位の人口を有するフィラデルフィア市は、就職活動が可能で、宗教的寛容の精神にも富む地域であったため、ユダヤ人にとっても住みやすく、そのため、過去においてもユダヤ人が多い都市であった。
　現在、フィラデルフィア市には 35 のシナゴーグがある。(Ram A. Cnaan, p. 26.) 礼拝のために利用するユダヤ教会堂のこの数から見ても、現在もフィラデルフィアには、ユダヤ人が多く住んでいることが分かる。フィラデルフィア市ユダヤ人博物館の案内係の説明によれば、現在、フィラデルフィアには、およそ 250,000 人のユダヤ人が住んでいるという話であった。この話によれば、ペンシルヴェニア州のユダヤ人人口の大半がフィラデルフィア市に住んでいることになる。
　ところで、フィラデルフィアの宗教集団は、どのような地域に置かれているのであろうか。その地理的配分は、何を意味しているのであろうか。

次に、このことについて、検討してみよう。

(3) 宗教集団の地理的配置とその意味

　ニシャ・D・S・ボッチウエイは、2003年に、特に都市の悪影響に悩まされている低所得者の多い北フィラデルフィアの7つの隣接した国勢調査地域で活動しているあらゆる非営利集団を研究し、世俗の非営利組織よりも信仰に基づいた組織や宗教集団のほうが多いという結論に至った。それによると、70の非営利集団のうち、10％が信仰に基づいた組織で、61％が宗教集団で、世俗の非営利組織は、29％に過ぎなかったのである。さらに特徴的な傾向を述べると、世俗の非営利組織は、主要な高速道路に近接した場所に配置されていたのに対し、宗教集団は、地域全体に配置されていたのである。ラム・A・クナーン達の研究によれば、この傾向は、フィラデルフィアの全地域でも同じなのである。その研究によれば、宗教集団は、人々が居住している場所に配置されているのである。彼らは、フィラデルフィアの380の国勢調査地域の人口密度とその地域における宗教集団の相関関係を計算し、$\gamma = .40$、$\rho < .01$ で、両者の間に相関関係が極めて高いという結論を出している。人種や居住者の教育レベルと宗教集団の相関関係も調べたが、これらの間には相関関係がないと述べている。宗教集団は、平均してみると、犯罪や貧困のような深刻な社会問題に直面している地域に配置されている傾向にある。全体としてみると、宗教集団は、市内に均等に配置されているのである。別言するならば、他の地域的社会組織と比較すると、フィラデルフィアの宗教集団は、最も広範囲の領域を持つコミュニティに固定された社会組織であるということを意味しているのである。(Ram A. Cnaan, pp. 26-28.)

　次に、店先の宗教集団と大きな宗教集団について見てみよう。

第 4 章　フィラデルフィアの宗教事情　69

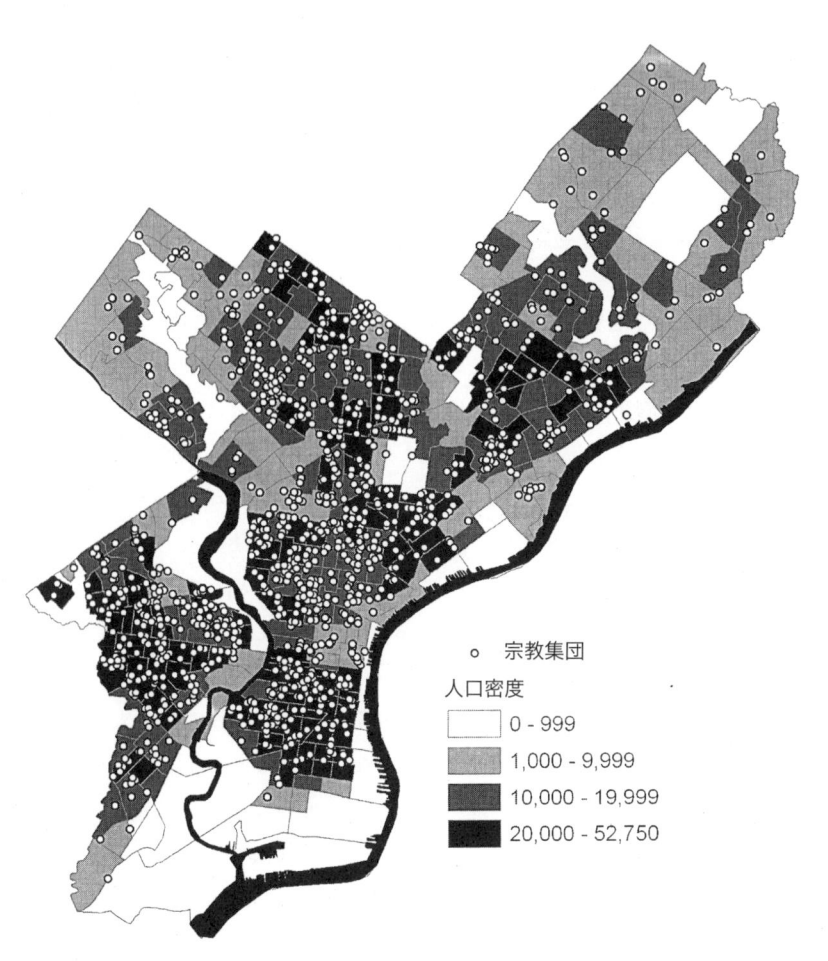

○　宗教集団

人口密度
- 0 - 999
- 1,000 - 9,999
- 10,000 - 19,999
- 20,000 - 52,750

人口密度によるフィラデルフィアの宗教集団の地理的配置
The Other Philadelphia Story, p. 27.

(4) 店先の宗教集団と大宗教集団

　宗教集団には、店先の宗教集団と大宗教集団がある。店先の教会は、会員が少ないこと、予算が少ないこと、尖塔や大きな礼拝室のある伝統的な建物が欠如していることという共通の特徴を持っている。W・ゼリンスキーは、店先の宗教集団を店舗再利用の礼拝所と定義している。店先の宗教集団は、小売店や葬儀店や工場や問屋を最小限に模様替えして、それを礼拝所として使うのである。この定義を拡張すると、物理的にはほとんどあるいは全く修正しないで、住居を教会に変える場合にも適用することができる。店先の教会は、都市の貧困な地域の小さな施設を使って行われる傾向がある。経済的に魅力のないこの地域は、店先の教会を小集団にし、その小集団は、安い賃貸料で、その場所を独占的に使うことができるのである。こうした小集団の宗教集団の中には、世代を越えて継承されていくものもある。それ以外のものは、店先の教会としての機能は、一時的な段階にすぎないのである。

　これらの小さな宗教集団の大多数の構成員は、たいてい黒人なのである。その構成員の比率は、黒人が75％なのである。しかし、そうした小さな宗教集団は、黒人が多い地域には存在していないのである。多くの黒人の宗教集団が、小集団で、黒人のコミュニティの心臓部にあるのに対し、店先の教会は、主要な道路の近辺にあり、あらゆる人々がアクセス可能な地域にあるのである。店先の宗教集団は、低収入の住民が住む地域に存在しているのである。店先の宗教集団の大多数は、世帯の収入の中央値が50,000ドル以上の人々が住む地域から遠く離れた地域に配置されており、世帯の収入の中央値が20,000ドル未満の人々が住む地域に頻出して配置されているのである。

　店先の教会と正反対の側にあるのは、大教会である。大教会は、会員数が1,000人規模で、年間予算が50万ドルに達する教会である。こうした

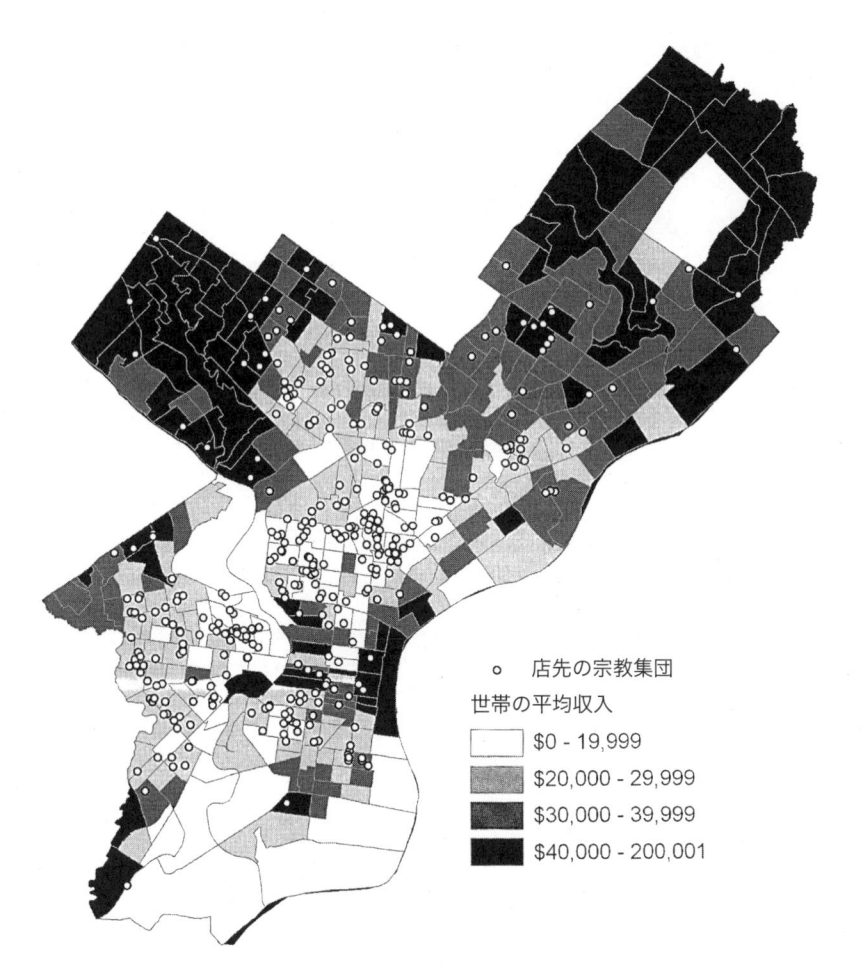

第4章　フィラデルフィアの宗教事情　71

○　店先の宗教集団

世帯の平均収入

$0 - 19,999
$20,000 - 29,999
$30,000 - 39,999
$40,000 - 200,001

平均世帯収入による店先の宗教集団
The Other Philadelphia Story, p. 29.

教会の大部分は、十分な規模の構内か自身のいくつかの建物を持ち、大公会堂で礼拝を行っているのである。さらに、こうした教会は、全て、1人以上の牧師を雇用しているのである。アメリカ合衆国で代表的な大教会としては、シカゴ郊外にあるウィロウギリシャコミュニティ教会やロスアンゼルス郊外にあるサドルバック教会を挙げることができる。

フィラデルフィア市には、この基準に合致する大宗教集団が44存在する。フィラデルフィアの大教会の54.5%に該当する24の教会は、会員の75%が白人なのである。

ところで、フィラデルフィアの大教会は、市の全域に配置されており、居住者の収入や人種や他の社会的条件と相関関係を持っていないのである。(Ram A. Cnaan, pp. 28-30.)

次に、礼拝に参加する人々は、どこから来ているのかについて見てみよう。

20世紀以前は、コミュニティと宗教集団の配置は近接した場所にあり、人々は、徒歩圏内か馬車等の乗り物で、礼拝に参加していた。人々は、日常生活や季節やコミュニティの行事などで、教会の鐘の音を聞いたり、祈祷の声を聞いたりしていたのである。しかし、今日では、宗教集団とコミュニティは、正統的ユダヤ人のコミュニティやアーミッシュのコミュニティなどを除けば、近接した場所にあるとは限らないのである。現代人は、自分と同じ考え方を持つ人々のいる宗教集団を選ぶ傾向がある。人々は、場所の近接性だけではなく、関心の共有や同じ出自や神学的嗜好性などに基づいて、自分が参加する宗教集団を選ぶのである。人々は、例えば、同じ中間階級集団や同じ国や同じ民族集団や同じ政治的な志向性や同じ生活段階や同じ生活様式の人々がいる宗教集団に参加するのである。礼拝に参加する宗教集団を選ぶ要因としては、社会的な同一性の方が、空間的な近接性より有力なのである。宗教学者達は、今日の宗教集団の参加者の特徴を、このように把握している。しかし、最近の研究によると、

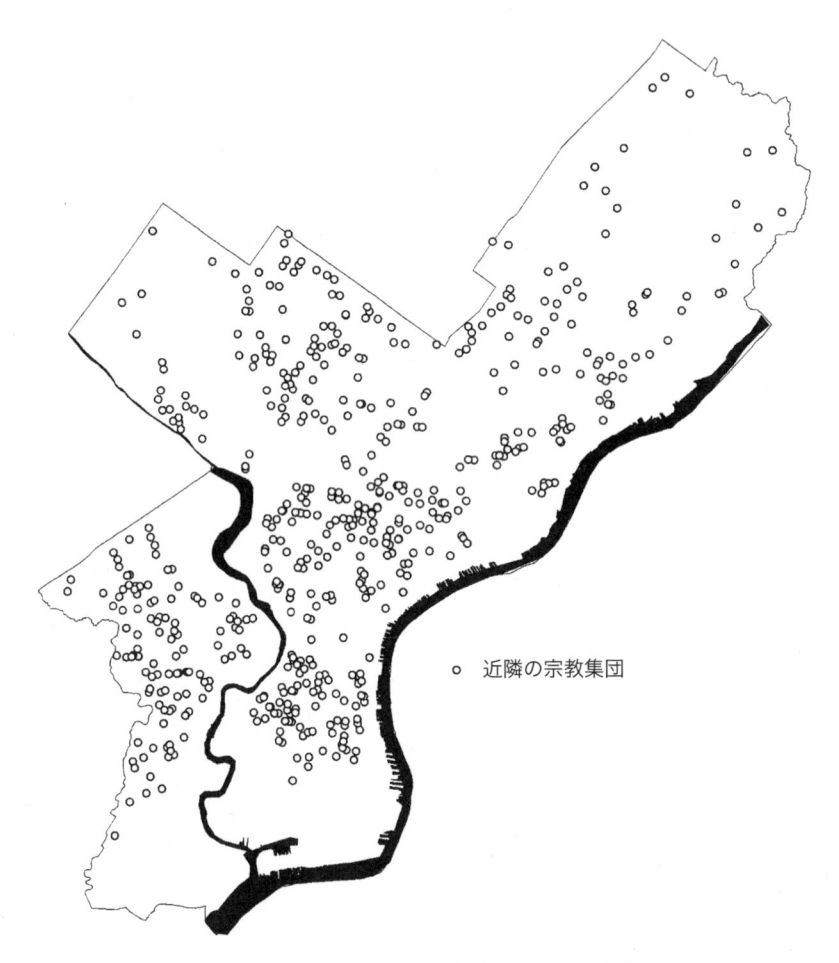

第 4 章　フィラデルフィアの宗教事情　73

○　近隣の宗教集団

会員の少なくとも半分が近隣に住んでいる宗教集団
The Other Philadelphia Story, p. 32.

多くの人々は、彼らが住んでいる近くの宗教集団に出席しているのである。例えば、C・ウールエバーとD・A・ブルースは、礼拝に参加している人々の55％は、交通機関の利用により、10分かそれより短い時間で通える人々であり、21％は、11分から15分までの時間で通える人々であり、88％の人々は、20分かそれより短い時間で通える人々であると述べている。フィラデルフィアの宗教集団にも、同じ傾向が見られる。フィラデルフィアの宗教集団は、宗教集団の半数の成員が住んでいる地域から約1マイル以内に配置されているのである。

(5) 居住圏内の宗教集団と通勤圏内の宗教集団

宗教集団を距離を指標にして分類すると、居住者の近くにある宗教集団と通勤圏内にある宗教集団に分けられる。通勤圏内にある宗教集団は、さらに、市内の通勤圏内にある宗教集団と郊外の通勤圏内にある宗教集団に分けられる。フィラデルフィアでは、居住者の近くにある宗教集団が40.9％、市内の通勤圏内にある宗教集団が57.6％、郊外の通勤圏内にある宗教集団が7.8％となっている。

フィラデルフィアにある市内の通勤圏内にある主要な宗教集団について述べると、キリスト教では、162あり、全体の24％のバプテストの宗教集団、131あり、全体の20％のペンテコステの宗教集団、91あり、14％を占める非宗派的なキリスト教の宗教集団と続き、その3つで、全体の半数以上を占めている。33ある使徒教会のうち、25は市内の通勤圏内にある宗教集団で、全体の76％を占めている。11あるイスラムのうち、8は市内の通勤圏内にある宗教集団で、全体の73％を占めている。市内の通勤圏内にある宗教集団は、比較的若い年齢の人達の比率が最も高く、65歳かそれより上の年齢の人達の比率は最も低いのである。市内の通勤圏内にある宗教集団は、居住者の近くにある宗教集団と比べると、低収入

の会員の比率が比較的少ないが、郊外の通勤圏内にある宗教集団と比べると、貧しい会員が格段に多いのである。

　郊外の通勤圏内にある宗教集団について見てみると、平均すると、67％の会員が、郊外に居住し、17％がその宗教集団の1マイル以内に居住しているのである。郊外の通勤圏内にある宗教集団は、貧しい会員の比率が最も低く、たいていの会員は、家族の収入が75,000ドルかそれより多いのである。(Ram A. Cnaan, pp. 30-33.)

　次に、宗教集団の礼拝数について見てみよう。

(6) 宗教集団の礼拝数と集会数

　宗教集団施設は、1週間のうち、6日間は鍵がかかっていて使われておらず、週末にのみ礼拝のために開かれて使われるものもあれば、1週間のうち、7日間空いており、コミュニティの中心として役立っているものもある。

　フィラデルフィアでは、週末には、何回礼拝が行われているのであろうか。ここで言う週末とは、イスラムやユダヤ教の週末も念頭に入れ、金曜日の午後から日曜日の夜までのことを意味している。宗教集団の週末礼拝の範囲は、1ヶ月に1回から週末に15回の範囲で行われている。毎月行われている宗教集団の集会には、35名の会員だけが出席し、牧師が出席しないのである。15の礼拝のある宗教集団は、イスラムのモスクであり、1日に5回祈祷を捧げるために集う会員は、1,000名以上である。18の宗教集団は、週末の礼拝を行わず、週の間に定期的に集会を持っている。これらの宗教集団は、仕事場で集会を持つ場合もあり、また、自分たちの宗教施設を持っていないため、週の中日に礼拝のため、ある場所に集まる場合もある。フィラデルフィア全体での週末の平均礼拝数は、2.2である。

　週日には、何回礼拝が行われているのであろうか。15％の宗教集団は、

週日礼拝が行われていないのである。その他の宗教集団では、月に1回から週に25回の頻度で礼拝が行われている。週日、20回以上も礼拝が行われているのは、2、3のカトリック教会とイスラムのモスクで、モスクが、そのほとんど全てを占めている。その他の2つの教会は、週日20回以上の礼拝を行っており、週末の礼拝平均数の6回や9回以上である。フィラデルフィア全体での週日平均礼拝数は、2.9である。フィラデルフィア全体での週末及び週日の礼拝数を加算し、その平均を取ると、フィラデルフィアの宗教集団の平均礼拝数は、5.1回となる。その場合、同じ人々は必ずしも含まれていないのである。ある場合には、礼拝は、朝早い場合と遅い場合がある。かくして、この5.1は、宗教集団が礼拝のためにその施設を利用する平均回数を表しているのである。

宗教集団の施設は、たいていは聖書研究が行われる小集団の集会として使われる場合もある。宗教集団の会員のうちのサブグループである小集団は、通例、宗教的テキストの拝読と議論を行うために集会を持つのである。こうした集団には、子供と大人のクラスの集会がある。全体の6.9%の96の宗教集団では、そのような集会は、宗教集団の施設を使って行われていないのである。例えば、17通りとスプルース通りの交差する場所にあるテンスプレスビテリアン教会では、100ぐらいの小集団の集会があるが、会員の大半が、センターシティから離れた郊外に住んでいるので、彼らは、そうした小集団の集会を教会から遠く離れた場所を使って行っているのである。宗教集団の中で、小集団の集会は、毎月1回の集会から週日250回までの範囲の集会がある。250回の集会は、イスラムのモスクで、1,000名以上の会員に対して行われている。フィラデルフィアでは、平均すると、宗教集団は、5.1の小集団の集会を行っている。

ところで、宗教集団の集会のうち、宗教施設の維持等信仰とは関係のない集会が、月に10,348回ある。それは、フィラデルフィアの宗教集団全体では、月に7.4回の集会、週に1.8回の集会があることを意味している

のである。(Ram A. Cnaan, pp. 33-34.)

最後に、宗教集団の周囲にある社会的環境について述べて、この章を終えることにしよう。

(7) 宗教集団とその周囲の社会問題

宗教集団は、フィラデルフィア市中に満遍なく存在しているので、多くの宗教集団が都市の荒廃がもたらす社会問題に日常的に直面している。こうした都市の困窮状態に直面していない位置にある宗教集団を探すことはほとんどできないのである。宗教集団の周りで起こっている社会問題を具体的に論ずるために、22の社会問題を挙げ、その頻度を見てみよう。

その結果は、以下の通りである。

すなわち、薬物乱用が91.0、失業が84.9、貧困が84.3、麻薬等の薬物売買が84.1、公教育の質が82.4、犯罪が82.2、10代の妊娠が79.6、無学が76.3、エイズが74.3、標準以下の住居または購入しやすい住居の欠如が71.8、ホームレスが70.5、公害が69.9、地域の産業や職業がないことまたは雇用機会が限定されていることが69.5、交通量過多または交通事故が68.1、家族虐待が67.7、購入しやすい健康管理の欠如が67.5、若者の監禁が67.1、購入しやすい幼児保育の欠如が66.3、売春が63.4、リクレーションの機会の欠如が62.5、暴力団の暴力が46.4、公共交通が32.7となっている。

宗教集団の周りで、一つの社会問題しか起こっていない場合は、宗教集団全体の1.4％で、非常にまれなケースであることが分かる。平均すると、宗教集団の周りでは、22のうち16の社会問題が起こっているのである。最も頻繁な社会問題は、失業・貧困・ドラッグ・犯罪の4つである。20％の会員が失業している宗教集団は、234あり、その割合は、16.8％である。224というかなりの数の宗教集団が、自分たちの施設の周りで起

こっている主要な社会問題は、失業であると述べている。宗教集団の会員の失業率が低い 1,158 の宗教集団のうち、902 が、失業は、主要な社会問題であると認識している。公教育システムに付随する諸問題と 10 代の妊娠問題は、2 番目に多い問題である。宗教集団の 4 分の 3 以上がこうした問題が起こっていると述べている。エイズや住宅問題や公害もまた、大部分の宗教集団の周りで起こっている問題である。宗教集団は、自分たちの周りの人々の生活の質を改善するために、こうした問題を解決しようと努めているのである。

　Southeastern Pennsylvania Transit Authority（南東ペンシルヴェニア輸送公共機関 略称SEPTA）があるので、公共交通の問題は、他の問題に比べて、たいした問題ではないと、宗教集団の約 3 分の 1 の 32.7％が述べている。

　上記の主要な問題に続き、ギャングによる暴力の問題を挙げている宗教集団が、46.4％、リクレーションの機会がない問題を挙げている宗教集団が、3 分の 2 となっている。22 の社会問題のうち、2 項目だけが、宗教集団の半数以上が、宗教集団の周りにある問題ではないと述べている。こうした指摘は、友愛の町フィラデルフィアに蔓延する荒廃を検証し、この町の未来をよりよくしようとしている地域組織の参考になるものである。

　上記の数字は、22 の社会問題を挙げて、フィラデルフィアの宗教集団にインタビュー調査をすることによって得られた数字であるが、その他に、宗教集団の周りにある社会問題を判断するために、フィラデルフィアの GIS 地図も参照している。というのは、フィラデルフィアの 380 の国勢調査地域では、家族虐待や婦女暴行や貧困のような多様な社会問題と宗教集団の数との間には相関関係があるからである。宗教集団のある地域における相関関係のある社会問題とその相関関係数を列挙すると、家族虐待が 0.59、婦女暴行が 0.62、レイプや殺人を除く重大犯罪が 0.47、貧困の

人口に占める割合が0.40、重大な財産を略奪する犯罪が0.39となっている。社会問題が蔓延している国勢調査地域に位置する宗教集団を全て計算すると、こうした社会問題の評価が、主観的ではなく、経験的で妥当性を持つことが分かるのである。(Ram A. Cnaan, pp. 34-37.)

第5章　フィラデルフィアの日系人キリスト教会

(1) 指標に基づく日系人キリスト教会の特徴

　本章で、フィラデルフィアの日系人教会の事例を検討するにあたり、先ず、日系人教会の特徴を、7つの指標により設定することから始めよう。その理由は、それにより、これから検討する日系人教会の特徴とその位置づけが明確になるからである。まず最初に、その指標として、日系人の占める比率、年齢層の傾向、その属する宗派の特性、教会政治の特性、宗教指導者の国籍の5つの指標により、日系人教会の特徴設定を試みることにしよう。

　日系人教会という前提から、日系人の比率を見ると、日系人だけによる教会が一方の極にあり、日系人の比率が半分以下の教会が他方の極にあると考えられる。こうした極にある教会は、理論的には考えられるが、実際的ではないので、それに近いものとして、そのほとんどの礼拝出席者が日系人によって構成される教会、日系人が少し多いがそれ以外の人々も相当数出席している教会、日系人とそれ以外の人々の出席数が相半ばする教会の3パターンを設定することにする。年齢層では、若い年齢から中高年齢まで幅広く出席している教会、若い年齢が多い教会、高齢者が多い教会が考えられる。ここでの宗派は、長老教会なので、その中で、長老教会の伝統を墨守している保守的で伝統的な教会と長老教会の特徴を生かしながら、近現代の思想をも取り込み、時代にマッチした教会を目指す自由で改

革的な教会の2パターンを考えることにする。教会政治の特性としては、牧師中心か信徒中心かの2パターンが考えられる。宗教指導者の国籍としては、日系人が指導者なのかそれともそれ以外の国の人が指導者なのかの2パターンが考えられる。

　これから検討する日系人教会は、フィラデルフィア日本人教会とブリンマー日本語教会であるが、前者の教会は、礼拝出席者が現在ほとんど日系人によって占められている教会であり、年齢層では、高齢者が多い教会である。思想的には、自由で改革的な教会の潮流に属している。教会政治では、信徒中心的な教会である。宗教指導者については、日系人の牧師が説教や聖礼典等の牧会活動を行っている。

　後者の教会は、日本人がやや多いが、それ以外の人々も相当数出席している教会である。年齢層では、若い年齢が多い教会である。思想的には、保守的で伝統的な教会である。教会政治では、牧師中心的な教会である。宗教指導者については、韓国人の牧師が説教や聖礼典等の牧会活動を行っている。

　次に、会員数や予算規模や礼拝所の有無及び出席会員の教会からの距離の2指標に従い、日系人教会の特徴付けをしてみよう。

　前章で、ラム・A・クナーンの規定に従い、会員数や予算の規模及び礼拝所の有無から、店先の教会と大教会に分けたが、この点では、両教会とも、店先の教会に該当する。また、前章で、クナーンの分類に依拠して、出席会員を教会からの距離で、出席者徒歩圏内の教会、出席者が市内の通勤圏内にある教会、出席者が郊外の通勤圏内にある教会に3分類したが、前者は、市内の通勤圏内にある出席者もいるが、郊外の通勤圏内にある出席者の方が多い教会である。後者は、郊外にある通勤圏内にある出席者が大半を占めている教会である。両教会とも、フィラデルフィア市郊外にある教会であることが、この傾向性を助長していると考えられる。

　次に、フィラデルフィア日本人キリスト教会系の神学校であるプリンス

プリンストン神学校

トン神学校とブリンマー日本語キリスト教会系の神学校であるウエストミンスター神学校について述べていこう。

(2) プリンストン神学校とウエストミンスター神学校

　プリンストン神学校は、1812年8月に開設された神学校である。プリンストン神学校の草創期の代表的人物として、神学校長のアシュベル・グリーンとアーチボールド・アレクサンダー教授とサミュエル・ミラー教授とを挙げることができる。この神学校は、アメリカ長老教会(Presbyterian Church in the United States of America、略称PCUSA)の牧師を養成するために設立されたのである。その沿革の源流は、1700年代の初期に南東ペンシルヴェニアのネシャミニーにログ大学を開学したウイリアム・テネントに始まる。彼は、福音主義的で敬虔主義的な傾向を持っていた。

その傾向性に対立する人々もいて、そのコンフリクトのため、1700年代の長老教会は、分裂気味であったのである。テネントの傾向性を継承した人々が、1746年に、長老教会の牧師を養成するため、ニュージャージー大学を創設したのである。この大学は、1756年に、プリンストンにあるナサウホールに移設すると、名前もプリンストン大学と改称されたのである。この大学は、ジャン・カルヴァンの宗教改革の精神を継承したスコットアイルランド系のジョン・ノックスの宗教改革の影響下にある大学であった。この宗派は、「ウエストミンスター信仰告白」を共通の信条として掲げていた。同じカルヴァン系でも、ハーバード大学やイエール大学は、会衆主義を原則としていたので、個々の教会の独立を認め、牧師招聘とその就任を個々の教会で決めていたが、長老教会の場合は、長老主義の原則により、個々の教会ではなく、諸教会を統合する機関が牧師招聘とその就任を決定する権限を持っていた。その機関は、階層的組織を形成していた。これは、カルヴァンの教会が、長老制度を採用し、階層的教会組織を形成していたのに倣ったものである。この宗派の持つコンフリクトを解決したのが、穏健な神学者のジョン・ウイザースプーンであり、1768年に、彼がこの大学の学長に選ばれてからであった。彼は、テネント以来の敬虔主義を認め、これとカルヴァンの宗教改革精神との融和を実現させたのである。ウイザースプーン以後、グリーン・アレクサンダー・ミラー等が中心となって、1812年に、現在のプリンストン神学校が開設されることになったのである。(William K. Selden, pp. 6-26.)

　プリンストン神学校に現在在学中のAによれば、現在のプリンストン神学校は、以下のようになっている。

　この神学校は、カルヴァンの宗教改革精神を継承し、ウエストミンスター信仰告白を信条とする改革派神学を建学の精神とする神学校であったが、現在は、ウエストミンスター信仰告白に基づく改革派神学だけではなく、歴史的科学的な方法等を取り入れたリベラルな自由主義神学も教授す

る神学校となっている。現在、ここで学んでいる神学生は、640人であり、そのうち、長老教会の神学生は275人となっている。現在、この神学校は、長老教会以外の学生も入学を許可させているのである。人種や国籍の別なく入学させている。また、この神学校は、哲学の教員に、無信仰者の教員を採用しているほど、リベラルな側面を持っているのである。この神学校は、アメリカ長老教会（PCUSA）を母胎として設立された神学校である。フィラデルフィア日本人教会は、アメリカ長老教会に所属しているので、この神学校の思想系譜に連なる教会である。

　次に、ウエストミンスター神学校について見てみよう。

　20世紀初期まで、プリンストン神学校は、ウエストミンスターの信仰告白を信仰の規準とし、カルヴァン派の改革派神学の立場に立って神学生の教育を行う正統的な長老教会の総本山であった。その代表的な神学者としては、チャールズ・ホッジ、B・B・ウオーフィールド、ジョン・グレッサム・メイチェンが挙げられる。しかし、1929年に、プリンストン神学校は、近代主義的なリベラル神学を認め、リベラルな自由主義神学を表明する教授を任命した。メイチェン等は、これに反対し、改革派神学の伝統を守るために、1929年に、新しくウエストミンスター神学校を設立した。プリンストン神学校の母胎であるアメリカ合衆国長老教会（PCUSA）にメイチェンは属していたので、その大会で、ウエストミンスターの信仰告白の遵守を訴えたが、拒否されたので、改革派の伝統を守るため、1933年に、新しく海外宣教団体を設立し、その名を独立長老教会海外宣教ミッション（*The Independent Board for Presbyterian Foreign Missions*）と名付けた。1934年に、PCUSAはメイチェン等を免職処分にした。1935年、1936年に、独立ミッションのメンバーに対して、PCUSAは、牧師職の執行停止処分を行った。そのため、1936年6月11日に、メイチェン等はアメリカ長老教会（The Presbyterian Church of America）を設立した。この名称を巡ってPCUSAが訴訟を起こしたため、1939年に正

ウエストミンスター神学校

統長老教会（The Orthodox Presbyterian Churuch　略称OPC）に改称した。メイチェンは、1812年に設立され、継承発展を遂げたプリンストンの正統改革派神学時代の最後の神学者であった。彼は、プリンストンの源流に遡る伝統を忠実に継承発展させたカルヴァン主義系の福音派神学者であった。正統長老教会とメイチェン等は、キリスト教ファンダメンタリズムとは一線を画し、歴史的な改革派の信仰をより強調し、その立場を堅持したのである。

　正統長老教会の初期の指導者は、コーネリウス・ヴァン・ティル、アブラハム・カイパー、ジョン・マレー等である。日本キリスト改革派教会等はこの神学的潮流に属している。また正統長老教会日本ミッションが派遣されている。

　OPCは、酒もタバコも容認しているが、絶対禁酒主義かつ絶対禁煙主義を採用し、政治的なエキュメニカル運動や共産主義に反対する、キリス

第5章　フィラデルフィアの日系人キリスト教会　87

ト教ファンダメンタリズムの影響の強い立場の派は、カール・マッキンタイヤーを指導者として、聖書長老教会を設立した。(ウィキペディア「ジョン・グレッサム・メイチェン」、「正統長老教会」参照。)

　その他に、アメリカの長老教会には、アメリカ長老教会(Presbyterian Church in America　略称PCA)がある。PCAは、リベラルな自由主義神学を認めるPCUSAの路線に反対し、福音的な改革派信仰に基づく教会を建設するために、1973年に、PCUSAから分離して設立された。現在この教会に所属するブリンマー教会の主任牧師が、ウエストミンスター神学校の校長を務めている。本章で扱うブリンマー日本語教会は、このPCA所属の教会である。PCA所属のブリンマー教会の牧師がウエストミンスター神学校の校長に選出されたことからも分かるように、PCAもOPCと同じく、ウエストミンスター神学校の思想系譜に連なる教会なのである。(ワシントン日本人教会ホームページ参照。)従って、ブリンマー日本語教会もまた、ウエストミンスター神学校の思想系譜に属する教会であると言えよう。

　ウエストミンスター神学校は、1929年に設立されたので、現在、創立80周年になる。現在の学生数は500人である。留学生には、韓国人が多い。これは、韓国長老教会からの留学生が多いためと、その韓国長老教会が、プリンストン神学校でメイチェンの影響を受け、そのメイチェン的神学を韓国長老教会に広めた朴亨龍の影響が現在も残っているからである。(ウィキペディア「ジョン・グレッサム・メイチェン」参照。)OPCとPCAは、福音的な改革派信仰に基づく同じ思想系列に属する教会である。現在、ウエストミンスター神学校に在学中のKの説明によれば、メイチェンが創立したOPCはアカデミックな雰囲気を持っているのに対し、PCAは優雅でリッチな雰囲気を有しているのが、異なる点なのである。

(3) フィラデルフィアの日系人キリスト教会

　これから2つの日系人教会について詳述するにあたり、まず最初に、この両教会について論述するための社会学的方法や分析方法について述べてから論を説き起こすことにしよう。

　最初の章で述べたように、これから論じていく2つの日系人教会の事例を分析するための方法として、比較歴史社会学の方法を用いることにする。比較歴史社会学における比較とは、比較法を用いて分析を進めていくことである。具体的には、本章の3節と4節で論じる2つの日系人教会の事例を比較法を用いて論述を展開していくことを意味する。この方法は、論述を進めていく都合により、3節でフィラデルフィア日本人教会を詳細に分析し、その特徴を浮き彫りにした後、4節でブリンマー日本語教会を論じるときに、全面的に採用することになる。この方法の簡潔版は、7指標による日系人教会の特徴付けとして、両教会の論述の冒頭で述べることにする。

　比較歴史社会学の歴史とは、歴史法を用いて分析を進めていくことを意味する。具体的には、2つの日系人教会を歴史法を用いて論述していくことであるが、実際には、歴史が古いフィラデルフィア日本人教会がその中心となり、歴史の浅いブリンマー日本語教会は簡単な叙述に止まることになる。2つの事例分析では、7指標による日系人教会の特徴付けの後に、この方法を用いて叙述を進めていくことにする。

　比較歴史社会学の社会学とは、社会学的方法を用いて分析を進めていくことを意味する。具体的には、ゲルト・タイセンの宗教社会学的方法を採用し、社会経済的・社会政治的・社会生態的・社会文化的規定性の4側面の分析を、両教会に適用して社会学的分析を行うことである。この4側面の分析においては、両教会の比較分析と歴史の古い日本人教会を分析するために、歴史分析も加味して分析を行う。社会経済的・社会政治的・

社会文化的規定性の分析では、教会外からの影響と教会内からの影響の2側面から分析を行う。この分析は、両教会に対する社会的規定性の分析を行うことである。これに対して、両教会の思想や説教が信徒の社会生活に与える影響を分析するため、両教会の所属教会の宗教思想の信徒への影響や牧師の説教や信徒の奨励説教の信徒への影響の分析を行う。これにより、宗教思想が社会生活に与える影響、すなわち、マックス・ヴェーバーの言うエートスの分析と、社会生活が宗教思想に与える影響の両方の分析を行うことができるのである。この宗教思想と社会生活との双方向的分析を行うことにより、両教会の事例分析は、総合的な社会学的視点を獲得し、複眼的で立体的な奥行きを持ったものとなるのである。

ところで、これから論述を進めていくにあたり、フィラデルフィア日系人キリスト教会で用いるデータについて述べておこう。フィラデルフィア日本人キリスト教会では、教会の牧師・長老2人・婦人会3人からの聞き取り調査、教会の総会資料・教会の月報・教会の歴史についての冊子資料、教会のホームページ、及び参与観察により収集されたデータを用いている。ブリンマー日本語キリスト教会では、牧師の聞き取り調査、教会の教育資料、教会の週報及び参与観察により獲得されたデータを用いている。

さて、それでは、フィラデルフィア日本人キリスト教会とブリンマー日本語キリスト教会について論じていくことにしよう。

フィラデルフィア日本人キリスト教会の歴史と概要

フィラデルフィア日本人教会は、フィラデルフィア市の郊外オーバーブルックにある教会である。この教会の正式名称は、フィラデルフィア日本人教会である。この教会は、日系人教会の特徴の箇所で述べたように、礼拝出席者が現在ほとんど日系人によって占められている教会であり、年齢層では、高齢者が多い教会である。思想的には、自由で改革的な教会の潮

フィラデルフィア日本人キリスト教会

流に属している。教会政治では、信徒中心的な教会である。宗教指導者については、日系人の牧師が説教や聖礼典等の牧会活動を行っている教会である。

　会員数や予算の規模から見ると、この教会は、店先の教会に該当する。また、出席会員を教会からの距離を指標にして見てみると、この教会は、市内の通勤圏内にある出席者もいるが、郊外の通勤圏内にある出席者の方が多い教会である。

　次に、この教会の設立から現在までの歴史について述べていこう。

　フィラデルフィア日本人教会は、1944年9月の第3日曜日に、ブラウンストリートにあるフェローシップハウスで最初の集会が行われたことにその起源を置いている。当時は、一世の方々がほとんどで、最初の会長は内田尭、書記は堀川昇三、会計は樋口久樹であった。また森内平次郎、金田トメ、下川俊悟が役員をしていた。会員の話し合いにより、当分の間、

教会組織は作らないで自由な交わりとし、教会組織は、後の適当な機会まで待つことにした。名称も戦時中であるので外部に遠慮して、教会名を名乗らないで、フィラデルフィア日本人キリスト教同志会（Philadelphia Christian Fellowship）とすることにした。礼拝は、月2回開くことになった。

最初の集会開始に至る経緯について、この教会の創立に尽力した一人である土山牧羔は、この教会の1993年10月発行の月報、『教会だより』32号で、次のように述べている。

　　私は、1939年7月に渡米留学し、日米開戦の直後の1942年6月にイリノイ州グリンビル大学で教育学と哲学を専攻して卒業し、9月からプリンストン神学大学院へ進学しました。戦時中とは言え先生達と学生達の暖かい愛に支えられ、無事に勉学を続け組織神学とキリスト教教育学を専攻していました。夏学期に2回出席したので、3年間の一般進学課程を2カ年で終了でき、1944年8月22日に卒業式があり、マスター・オブ・ディビニティの学位を得ました。

　　その時、シカゴ日本人教会の大山義松牧師が卒業式に参加するために来られました。そして、アーカンソーの収容所で御一緒であって、フィラデルフィアに転住されてスタントン長老教会の信徒の金田さんご一家を訪問するために、私を連れて行かれました。お宅は、ブラウンストリートにある古い煉瓦造りの小さな建物のクエーカー派の集会所フェローシップハウスの3階にありました。ご歓待を受けているとき、金田トメ夫人は、「当地に相当沢山の日本人が収容所から転住してきているが、日本人教会がまだないので、教会をぜひ始めてほしい」と依頼されました。

　　金田さんの住宅の下の2階は50人余り収容できる集会室で、日曜日の午後は使用しておらず、交渉したら日本人の教会の伝道のために貸し

て下さることになりました。ここは黒人街にある黒人の集会所であり、戦時中に日本人が会合しても目立たないので好都合と考えました。

9月に入って、私はプリンストン神学大学院でさらに1級上のマスター・オブ・セオロジーの課程に進学しましたので、9月中頃からの教会開設の準備を始めました。毎週の金曜日午後に、プリンストンからフィラデルフィアへ行き、二晩YMCAに泊まり、日曜日の夜にプリンストンへ帰りました。

先ず、フィラデルフィアの米人の教会連盟へ行き総主事に会い、収容所から転住した日本人の生活や就職状況について話しました。カリフォルニアの諸教派のクリスチャンが相当数おり、また戦前からここに住んでいる日本人信徒も数人いる様子なので、彼らを集めて交わりの場を作り、超教派の教会の日曜礼拝を開始することの急務を説明しました。そして、何分にも戦時中であるので、先ず事始めとして黒人街にあるクエーカーの集会所を借りることができるので、米人の教会連盟が日本人教会のスポンサーになって下さるように依頼しました。さらに、私はプリンストン神学大学院を卒業し、またカリフォルニアの日本人教会で定住伝道師の資格を得ているので、ここの担任伝道師として無給で奉仕することを認めて下さるようにお願いしました。総主事は、大変に喜んで下さり、今後全て自分が責任者になって良く取りはからってあげるから、心配しないで伝道の成果を上げられるようにと激励下さいました。

さらに、転住者宿泊所を訪問しました。そこは、多分、ブレスレン教会社会奉仕部の設置されたものであったと記憶していますが、正確には不詳です。収容所をでて当市へ転住した日本人でまだ住宅が決まっていない人々のための仮のホステルでした。転住した日本人の住所を尋ね、住所リストを作成し、個別訪問を始めました。信者か未信者は不明ですが、とにかく集会を近く始めるからと案内をしました。信者の方には、他の信者で知人が当市に来ていないかを訪ねました。しかし私は、自動

車を持っていないし、何分にも広い地域に転々としている住居だし、留守も多いので、バスに乗って全部を訪問することはとても大変で無理でした。しかし、十数人の信者の所在を確かめました。

　教会連盟からの経済的援助は皆無でしたので、伝道のための交通費、通信費、宿泊費、食事は全部自弁でした。幸いにもその頃、アインシュタイン博士やオッペンハイマー博士等がいられた、プリンストンの高等学術研究所のゲスト東洋研究室の助手として毎日3時間のパートの仕事に就けましたので、伝道費を造ることができました。学校の授業料、寄宿舎費、食費は奨学金で充分でしたから、日曜日の集会が開かれた後も、収容所で苦労された同胞の苦しみに与るために、御礼は一切謝絶し無給で奉仕させていただけることが私の何よりも大きい喜びでした。

　3週間ほどの準備の後、皆様に案内のお手紙を書いて送りました。1944年9月の多分第3日曜日だったと思いますが、午後2時頃から、第1回目の礼拝を始めました。約15名程の1世が参加されました。様々なプロテスタントの教派を網羅した人々の他に、カトリックの女性が一人来ておられ、その後もずっと続けて出席されました。本当にエキュメニカルで、幅の広いキリスト者の暖かい愛の交わりを持つことができ、皆様はこの市に日本人教会が開設されたことを大変に喜んでおられました。普通の日本人教会の礼拝の順序で進めて、私が説教をしました。(32号、9-10頁)

集会組織や名称及び毎月の礼拝の回数について、土山は、次のように述べている。

　いろいろと話し合って、当分、教会組織は作らないで自由な交わりとし、後の適当な機会まで待つことにしました。名称も戦時中であるので外部に遠慮して、教会名を名乗らないで『フィラデルフィア日本人キリ

スト教同志会』としました。また礼拝は、隔週ごとに開くことになりました。(32号、11頁)

最初の牧師としては、土山牧羔(当時、プリンストン神学生)か長谷川真太郎(当時、フェイス神学生)のどちらかが第1日曜日に、そして西村正元牧師が第2日曜日というわりあてであった。上記の土山牧師の文章からも分かるように、当時は月2回のみの礼拝で、午後2時からであった。この3名のうちで、西村牧師だけが牧会経験のあるベテランの牧師であった。西村牧師は、もともとバークレー自由メソジスト教会の牧師で、1944年3月に、トパーズ転住所(収容所)を出て、ニューヨークに在住していた。当時、ニューヨークには既に3つの日系教会ができていたので、自分の教会は持っていなかった。1953年6月に、ロサンゼルスの自由メソジスト教会に牧師として招聘されるまでの9年間、フィラデルフィア教会への礼拝説教のため、毎月ニューヨークから通ってきたのである。最初期の牧師の一人である西村牧師が、フィラデルフィア日本人教会の牧師に選ばれた経緯を土山は、以下のように述べている。

礼拝の後で懇談会を開いて、今後の活動の進め方について話し合いました。「ざっくばらんに自由に、皆様の意見を出して話して下さい。」と申しましたら、一番先に口を切られたのは、ヨセミテ公園の近くに住んでいられたバークレー日本人自由メソジスト教会信徒の森内平次郎兄弟でした。「君はここの牧師としては若すぎるので頼りにならない。もっと年配の牧師はいないのか。君の説教は理屈っぽくて我らの頭の上を飛んでいってしまい、少しも頭の中に入ってこないから、君は全然ダメだ。外に頼りになる牧師を知らないなら教えてやろう。西村正元先生が、収容所を出て、ニューヨークに来られたばかりなので、手が空いておられる。西村先生の説教はよく分かるし、とても恵まれる。ここの牧

第5章 フィラデルフィアの日系人キリスト教会 95

師になってもらうように頼んできたまえ。」と、とても強い口調で言われ、25歳になったばかりの私は唖然としてしまいました。

その次に発言されたのは、オークランド独立教会の信徒で、三井物産会社のサンフランシスコ支店長であったが、今はプレスビテリアン教会本部出版所であるウエストミンスター・プレスで、書物の発送の荷づくりをしたり、リフトでトラックへ運んで乗せたりの荒仕事をしていられる内田兄弟でした。でっぷりとした円満な社長タイプの内田さんは、「まあまあ森内さん、そういきり立ちなさらんでも良いよ。私も西村先生をよく知っているよ。とても人格者で、立派な牧師先生です。若い先生を排撃したらいけないよ。そうしたら、誰も良い牧師は育たないよ。お二人で協力して奉仕していただきましょうよ。」と言われました。(32号、10-11頁)

その後、間もなく、私はニューヨークへ行き、西村正元先生を訪問しました。ハーレムの黒人地域のアパートに住まれていました。以前にカリフォルニアにいたときに、先生のお宅にとめていただいたこともあり、修養会や会議などで幾度もお会いしたことがあり、4年ぶりでお目にかかり嬉しく思いました。お願いして、先生の快諾を得ることができたので、毎月一回フィラデルフィアへ説教に来ていただくことになりました。それで、私も円熟された牧会者の協力を得ることができたので、心強くなりました。

西村先生は、パサデナの大学を卒業の後、バークレーのパシフィック・スクール・オブ・レリジョンという名の神学大学院を卒業され、バークレー日本人自由メソジスト教会の牧師を長く奉職されていました。神学校では宗教教育を専攻されたようで、その方面に非常に多くの学識を持ってられました。明るくまた静かで落ち着いた教会でした。有力なインテリの信徒が多数礼拝に出席しておられ、中堅の教会として発展していました。先生の温和な良い人柄で、多くの人々から尊敬され慕

われていた方でした。それで、北カリフォルニア日本人教会連盟の会長や役員を、長年にわたって勤めていられました。戦争のために、トパズの収容所に移され、そこで熱心に伝道されていました。(32 号、11 頁)

ベテランの牧師である西村牧師の協力により、会員達は満足し、次第に集会に参加する人達の人数は増えていき、会員同士も苦楽を共に分かち合う関係を築くことができるようになった。このことについて、土山は、以下のように述べている。

　年配の良い牧会者に恵まれて信徒達は満足し、若い私は西村先生と良い協力関係を保って、伝道の輪を広げてゆきました。次第に集会に参加される人々が増えてゆき、1 年後には平均 35 名位の出席になりました。毎回の集会の後で、持ち寄った御馳走を皆で分かち合って食べ、楽しい交わりを持つことが習慣のようになりました。そして、戦争、収容所行き、転住といった苦悩の数々を愛の主と親しい主にある兄弟姉妹との交わりの中で、重荷を下ろしてしばし忘れ、主にある平安と喜びを互いに分かち合い、共に経験することができました。(32 号、11 頁)

しかし、長谷川真太郎神学生とは、組織や宗教思想や伝道方法を巡って意見が一致せず、長谷川神学生は、この集会から離れていった。このことについて、土山は、次のように述べている。

　樋口さん御夫妻とずっと以前からお付き合いのあった長谷川真太郎さんというデラウエアのフェイス神学大学院の学生がいられました。樋口夫人から、私と交代で説教をしていただくようにと依頼がありました。二度ほど説教をお願いしましたが、この教会は組織がないからいけないので長老制の組織を持てとか、先ずオーソドックスの信条を制定してか

ら伝道すべきとか、米人教会連盟はリベラルであるから関係してはいけないので手を切れとか、論争ばかり吹きかけてこられました。私は、多くの異なった教派の教会から信徒達が集まっているので、できるだけ包容性を持つために、緩やかな組織にしておかねばならないことや、プリンストンで学んでいたエキュメニズムの立場からキリスト中心の超教派的協調体制が必要であると述べて、協調を求めました。しかし聞き入れないで、すぐに去っていき、別の会場で2世を中心にしたミラクル・ブック・クラブという名の聖書研究会を数名の会員で始められましたが、終戦後すぐに日本に帰国され、今どこにおられるのか、誰に聞いても解らないでいます。(32号、11-12頁)

こうして、西村牧師と土山神学生の2人の協力関係により、フィラデルフィア日本人キリスト教同志会の礼拝は進められていったが、1946年3月の終わりの日曜日に、フィラデルフィア日本人キリスト教同志会で最後の説教をして、帰国することになった。この間の事情について、土山は、次のように述べている。

　1945年6月に、プリンストンでマスター・オブ・セオロジーの課程を卒業して、卒業論文の指導教授であったジョセフ・ロマディカ博士に勧められて、ドクター・コースに進むべく準備をしていたときに終戦になりました。ミッション・ボードの依頼で、日本の教会や神学校の再建のため募金活動しなければならなくなって進学は諦めて米国の諸地方への旅行が多くなり忙しくしました。そのために、フィラデルフィア日本人教会の御奉仕も次第に困難になってきました。1946年3月に、私はプリンストンを引き上げて、西海岸へ移り、帰国の船を待ちつつ募金活動を続けることになりました。3月の終わりの日曜日に、フィラデルフィア日本人教会で最後の説教をして、皆様と寂しい気持ちでお別れを

いたしました。(32号、12頁)

　このため、1946年4月から1953年6月にロサンゼルスの自由メソジスト教会へ赴任するまで、西村牧師ただ一人により、この教会の礼拝が行われることになった。

　1953年に西村牧師がロサンゼルスに移住した後は、自由メソジスト教会の樫谷純郎牧師とフリーホーリネス派の末広牧師がその後を引き受けて毎日曜日、礼拝説教を行うようになった。しかし、樫谷牧師はその後アリゾナ州フェニックス教会へ、また以前より代わる代わる礼拝説教をされていた牧師達も、カリフォルニアやワシントン州などに赴任することになったので、その後は坂口達雄牧師が牧会することになった。

　坂口牧師は、福井県出身で、南長老派の神戸神学校を卒業後、岐阜県中津町で牧会し、その後渡米し、カリフォルニア州スタクトン長老教会に赴任し、1929年に就任式を受けた。その後コーデス長老教会、フレズノ組合教会などで牧会の後、戦時下の日系人排斥運動のあおりを受けてアルカンサスの収容所に入所した。そして、1944年5月にフィラデルフィアに移住してきたのである。

　それまでは、教会員の金田トメという方が住んでおられたので、その2階のクエーカーの集会所のフェローシップハウスを借りていたが、その金田が移転されることになったので、1954年3月7日より、705 Pine Street の Barnes Center で礼拝を持つことになった。

　その頃礼拝に良く出席していた教会員は小岩井玲子、渡辺はま、樋口久樹、初乃夫妻、坂本清三、藤田とく、梶岡アルバート、岡林一夫、ヨシエ夫妻、石田ウイリアム、井上三郎、ミチ代夫妻などである。

　1965年7月4日、それまで使っていた Barnes Center が老朽化したために、1907 Chesnut Street のユダヤ教の会堂を借りることになった。

　1965年11月に坂口牧師は65歳になり、引退することになったが、教

会の希望により、引退後も継続して主任牧師として奉仕することになり、島田嘉隆牧師と交代するまで牧会を行った。

　島田嘉隆牧師は、北九州門司の出身、熊本大学を卒業後渡米し1965年にオーラル・ロバーツ大学の神学校に1年間学び、その後、テンプル大学に移り1969年に卒業した。卒業後は、サンオイルという会社に勤めながら、月に1度ほど日本人教会で説教を行った。礼拝は坂口牧師と交代で行っていた。

　1971年頃より坂口牧師が健康上の理由で今度こそ正式に引退することになり、代わって今まで坂口牧師を助けていた島田牧師が教会の仕事を全面的に受け継ぎ、それまでと同様、チェスナットのユダヤ教の会堂を借りて、毎日曜日の午後に牧会を始めることになった。

　1979年に長老教会に正式に参加することになった。それまでに坂口牧師も長老派出身の牧師であり、島田牧師もフィラデルフィア市郊外のNarberth Presbyterian Churchの教会員であったし、また、長老教会のBryn Mawr教会、Philadelphia Presbyteryからもフィラデルフィア近郊の日本人ミッションのためいろいろな形で交流とサポートがあったので、ごく自然に長老教会の組織に参加することになったのである。

　ユダヤ教の会堂から現在の6301 Drexel Roadに移ったのは、1984年9月の第一日曜日である。そして、9月16日の聖日に藤尾英二郎を東京から迎えて、献堂式が行われた。長い間祈り求めてきた教会堂がついに実現の運びとなったのである。

　初期の頃のように定期的にこの教会に来て奉仕を行った神学生には、プリンストン神学校より、ウエスレー・カミングス（1987～88）、スティーブ・ヤマグチ（1987～88）、トム・ゲッツ（1988～89）がおり、また、日下部拓（1989～93）、白井正明（1990～92）と宮本憲（1990年夏）がやはりプリンストン神学校から来て奉仕を行ったのである。

　島田牧師が1991年7月に辞任後、長老会は、後任牧師招聘委員会を作

り、田原長老が委員長となって色々な候補者にあたったが、だれも適当な牧師が見あたらなかった。

　丁度その時にロサンゼルスに居られた藤田正武牧師が自分からフィラデルフィア日本人教会の牧師として来ることを申し出られ、1991年8月から1994年7月まで3年間の臨時担任牧師としてフィラデルフィアに赴任することになった。教会は是非とも藤田牧師を主任牧師として招聘したかったのであるが、年齢とメソジスト教会からの移籍ができないとの理由で臨時担任牧師（Interim Pastor）としてフィラデルフィアに赴任することになったのである。

　藤田牧師夫妻の3年間の奉仕に感謝するため、教会の有志が藤田牧師の母校ドルー神学校に藤田記念奨学資金を設けることで、藤田牧師の労に報いることになった。藤田牧師はそれまで福岡女学院の院長であった村田豊恒牧師を後任牧師として迎える準備をして、フィラデルフィアを去り、ロサンゼルスののぞみ教会に転任した。

　村田豊恒ベンジャミン牧師は、鹿児島市の出身で、東京神学大学の前身日本神学専門学校本科を1954年に卒業後、静岡県磐田市の開拓伝道を行い、5年後第一種教会中遠教会を設立した。1959年に海外留学生試験に合格して、カナダ、トロントのイマヌエル神学大学で神学を学び、さらにトロント大学神学部大学院に進学し研究に従事した。1968年家族と共にカナダに移住し、バンクーバーを最初にアルバータ、トロントの日系人合同教会を歴任した。その後、1990年に福岡女学院から院長として赴任するようにとの招聘を受け、1990年から1994年まで学校法人福岡女学院院長の職を勤めた。その後、1994年3月1期をもって福岡女学院を辞任、同年5月にフィラデルフィア日本人教会よりの招聘により、フィラデルフィアに赴任し、1994年7月17日にフィラデルフィア部会により、正式にアメリカ合衆国長老教会牧師として就任式を挙げ、2005年6月26日まで牧会した後、引退した。

11年牧会した村田牧師が引退した後、2005年7月に東京から柴川秀夫牧師が招聘され、フィラデルフィア日本人教会の牧師に就任した。現在の牧師である柴川秀夫牧師は、北海道北見市の出身で、50代後半より献身を決意し、Jesus to Japan 宣教神学校を卒業後、埼玉県大宮市の勝利教会での伝道者としての働きを経て、広島県の呉市の広福音キリスト教会で2000年4月から2004年9月まで牧師として奉仕していた。柴川夫妻は、藤尾英二郎が伝道者として奉仕を行っていた東京中野のキリスト同信会に長年所属し、奉仕を行っていた。柴川牧師は、2006年3月に California Pacific School of Theology から Doctor of Ministry の学位を授与された。(『私たちの教会の歩み』1-5頁、フィラデルフィア日本人教会発行、1990年。Japanese Christian Church of Philadelphia The Fifty-Fifth Anniversary 1944-1999,「フィラデルフィア日本人教会の歴史」フィラデルフィア日本人教会発行、1999年。フィラデルフィア日本人教会ホームページ「教会の沿革」参照)
　それでは、最後に、現在の日本人教会について述べてこの節を終えることにしよう。
　現在の日本人教会は、長老制度を採用しており、長老8人と牧師1人によって運営されている。牧師は、牧会活動を分担し、長老は、教会の実務を分担している。両者は、役割分担が違うだけで、後は、対等の関係となっている。現在の日本人教会には、婦人会はあるが、青年会がない。これは、村田牧師の後半期に青年が減少し、青年会を新生会と改称し、現在ではついにその組織もなくなり、青年会はなくなったのである。現在の日本人教会は、高齢者が多く、青年や中年層が少ない教会となっている。礼拝出席人数は、平均すると、2005年35人、2006年29人、2007年23人、2008年23人となっており、減少傾向にある。
　村田牧師の時には、子供が出席していたので、子供の礼拝である教会学校があったが、現在は、子供が出席していないので、教会学校は行ってい

ない。現在の日本人教会は、なくなった教会学校の代わりに、奨励を新たに設けて、大人向けに時事放談や証や教会の課題等を教会長老が行っている。

　時には、招いた講師がこれを行うこともある。最近では、聖路加病院理事長の日野原重明が招かれてこれを行っている。日野原重明は、1951年にアメリカに留学したとき、この教会の礼拝に当時の教会員渡辺はまと共に出席しているのである。留学でサンフランシスコに滞在していたとき、この渡辺はまの息子の渡辺次郎と知り合いになり、その依頼で、クリスチャンの内科の集会に出席するためフィラデルフィアに来たとき、渡辺はまと共にこの教会の礼拝に出席したのである。この縁で、日野原は、この教会に招かれ、これまでに3回講演を行っているのである。この教会の特徴の一つは、これまでに有名人がよく訪れている教会であるということである。これまでに、作家の三浦光世、ノーベル化学賞の白川英樹、聖路加病院理事長の日野原重明、黒柳徹子の母黒柳　朝が訪れている。

　現在の日本人教会の主力メンバーは、婦人会である。この婦人会は、大部分が高齢者である。教会長老の男性と教会員の男性が2名と男子大学生が4人くらいで、男性は6人ぐらいで、後は皆女性から構成されている。結婚している人達は、日本人同士で結婚している人もいるが、どちらかというと国際結婚をした人達が多くいるのがその特徴である。この人達は、第2次大戦後、日本でアメリカ人と結婚して渡米した人達である。渡米歴56年で、現在長老の婦人や、渡米歴41年で、現在婦人会会長の婦人も、そうした人達の中の一人である。この二人の婦人は、現在、教会運営の一翼を担っている。その他に、渡米歴33年で、日系2世と結婚され、現在教会会計担当をしている婦人がいる。この人の義父は、教会創立時の教会員であり、その当時教会会計を担当していた。その意味では、この婦人は、父の代以来、続けてこの教会の会計を担当していることになる。礼拝では、牧師はこの人達のことを念頭に置き、非ユダヤ人の女性が

ユダヤ人に嫁いだ聖書の箇所を使って説教を行ったことがある。

また、高齢者が多いため、高齢者の状況を踏まえた説教を行っている。鬱病になったエリアの説教はその典型である。高齢の教会員は病気になることが多いので、礼拝の後半にある共通の祈りの課題には、高齢者の病気が癒されることを祈る課題が出されることが多い。

礼拝では、最初に皆で読む罪の告白は、英語と日本語の両方が用いられている。詩篇講読と聖書講読も英語と日本語の両方が使われている。説教と奨励は、基本的には日本語で行われているが、礼拝出席者の中にアメリカ人がいるときは、その要約を英語で話すこともある。説教の要約文は、礼拝のパンフレットに日本語と英語の両方で書かれている。

家庭集会は、ウィリングボロー地区家庭集会・ウインウッド地区家庭集会・スワスモア地区家庭集会が行われている。村田牧師の時行われていたペンバートン地区家庭集会は2008年まで途絶えていたが、最近また行われるようになってきている。家庭集会は、教会員の人数が激増しピークに達した島田牧師の時から藤田牧師の時まで、7〜8地区で行われていたが、現在は、3〜4地区に減少してきている。

アメリカ東海岸地区では、この地区にある日本人教会が合同で9月の初めに3日間の合同集会を毎年行っている。フィラデルフィア日本人教会もこの東海岸リトリートに毎年参加している。

講師を招いて特別伝道も行っている。現在の教会は、近隣の日本人教会との繋がりを深め協力して伝道を行っていく方針をとっており、それが以前の教会との違いとなっている。日本人教会は、アメリカ長老教会に属しているため、新たな牧師を招聘する時、長老教会の委員会や会議によって査問が行われる。この教会では、この長老教会の委員会や会議の査問を受け、この承認を受けた後、初めて牧師に就任するのである。現在の柴川牧師は、フィラデルフィア長老会（Presbytery of Philadelphia 略称POP）のこの手順に従い、牧師に就任したのである。具体的には、POP

牧師認定委員会（約10名）及び部会総会（約50名）が柴川牧師を査問した後、全会一致で承認され、POP牧師として認証されたのである。その後、POP月例会議（約250名）が柴川牧師を再度査問した後、初めて正式に牧師となったのである。これを見ても、アメリカ長老教会のチェックは厳しくこの教会の牧師になるのは大変なことがよく分かる。

　青年会の聖書研究会は、2005年、2006年、2007年までは行われていたが、現在は行われていない。村田牧師の頃までは、プリンストン神学校の神学生がこの教会に来て奉仕を行っていたが、2005年から2008年まではそれが途絶えていた。2009年の4月からプリンストン神学校生が奉仕に来てくれる予定になっているので、今年はこれも復活すると考えられる。

　教会行事は、キリスト教固有のクリスマスやイースターの他に、アメリカの行事である収穫感謝祭やバザー等が行われている。2008年には、以下のような行事が行われた。

1月 6日　お雑煮で新年を祝う	9月21日　献堂24周年記念愛餐会
1月20日　吉岡陽子宣教師歓迎愛餐会	10月19日　秋のバザー
2月 3日　教会総会愛餐会	11月23日　教会創立64周年記念、
3月23日　イースター愛餐会	感謝祭愛餐会
4月20日　ディーン和子姉追悼愛餐会	12月21日　クリスマス愛餐会
5月18日　春のバザー	12月28日　年越しそば

　この行事の中で、イースターとクリスマスには、洗礼が行われている。2008年には、クリスマスに一人の女性が洗礼を受けた。洗礼式は、牧師と洗礼盤を持つ長老一人とにより執り行われた。洗礼をまだ受けていない出席者向けに、洗礼を受けることを促す牧師の説教や本人へのお勧めがたびたびなされるが、洗礼を受ける最終的決断は本人に任されている。洗礼

の申し込みがなされると、それに向けて本人に準備させるため、牧師が、教会についての基本的な事が書かれたテキストや洗礼のための必要事項が書かれたテキストを提示し、そのポイントを分かりやすく解説した後、そのテキストを渡し、洗礼式までに、そのテキストの必要事項を良く読んでおくようにと告げる。洗礼式の前に、本人が長老会に出席し、その承認を受けた後、礼拝の中で、洗礼式が執り行われる。洗礼は、頭に水を垂らす形式（滴礼）で行われる。洗礼式では、信仰の確認と教会員の奉仕義務が牧師より問われ、それに答える問答が行われた後、牧師が教会員にこの洗礼を認めるかどうかを問い、その承認が行われた後、滴礼により洗礼が執り行われる。2008年のクリスマスの洗礼に至る準備とその儀式は、以上のようにして行われた。

　教会の財政は、教会員の献金だけでは足りないので、バザーの益金や教会に寄付される野菜の益金及び教会出身で他国や他の州に移動した人達の寄付金や教会と繋がりのある人達の寄付金で賄われている。特によそに移動した人達や教会と繋がりのある人達の寄付金が大きなウエイトを占めている。

　教会員は、高齢者が多いので、定年になった人達が大部分である。働いている人は、理科系出身者の男性が多く、エンジニアの仕事や日米双方の化学関係の会社勤めの経験を生かし、経営コンサルタント業を営んでいる。

　教会員の中には、日本人関係の組織であるフィラデルフィア日本人会やフィラデルフィア日米協会に所属し、フィラデルフィア市に桜を植える等の社会活動を行っている人がいる。

　教会員は高齢の人が多いので、その教会員やその親族が亡くなることが多い。そのため、日本人教会では葬式がしばしば行われている。国際結婚した人が多いため、その葬儀は英語で行われている。2008年には、上記の行事にあるように、ディーン和子姉の葬儀があり、その追悼愛餐会が4

月20日に行われている。

　この教会は、教会外活動として、阪神淡路大震災の時被災した芦屋教会の資金援助活動を行ったり、国際ギデオン協会への資金援助活動やブラジルで宣教を行っている宣教師やアフリカで宣教及び看護活動を行っている宣教師兼看護士の資金援助活動を行っている。

　その他に、この教会は、日本人高齢者の交流の場ともなっている。例えば、夫の所属するアメリカ長老教会に自分も所属しながら、その礼拝後、日本人教会の礼拝に出席し、その後、この教会の教会員と歓談する婦人もいる。この人は、日本語による説教と日本人との交流を求めてこの教会に来ているのである。

　現在の教会は、高齢者に偏った年齢構成となっている。そのため、この教会には、次代を担う後継者が育成されておらず、その育成が現在の課題となっている。

ブリンマー日本語キリスト教会の歴史と概要

　フィラデルフィア市の郊外ブリンマーにあるこの教会の正式名称は、ブリンマー日本語教会である。ブリンマー日本語教会は、アメリカ長老教会（Presbyterian Church in America　略称PCA）に所属している。現在、この教会の会員数は、20人程度である。礼拝出席人数は、平均すると、子供を含めて40人ぐらいである。この教会の発足年月日は、2000年9月17日である。この教会は、韓国人牧師、李起変の開拓伝道によって創立され、現在に至っている。現在、この教会は、創立者の李起変牧師によって説教や聖礼典等の牧会活動が行われている。創立者の李起変牧師は、早稲田大学商学部の大学院修士課程を修了し、その後、日本の神学校である聖書神学舎を卒業後、渡米し、開拓伝道に従事し、ブリンマー日本語教会を創立したのである。ブリンマー日本語教会は、創立されてから9年目に入ったばかりの若い教会である。礼拝や教会の運営等は、ブリン

第5章　フィラデルフィアの日系人キリスト教会　107

ブリンマー長老教会

マー長老教会の施設を借りて行われている。創立以来、ブリンマー長老教会は、施設・運営・伝道等の様々な側面において、この教会のサポートを行ってきている。

　創立されてまだ年数が浅いため、教会運営や計画等は、牧師と信徒会員が一緒になって話し合って決めている。教会運営や伝道等に関する係はあるが、役員会はまだ組織されていない。この教会は、アメリカ長老教会に所属しているが、創立年数も浅いために、まだ長老制を取り入れるまでには至っていない。この教会は、ブリンマー長老教会の宗教法人の中にあるブリンマー日本語教会という位置づけになっており、まだ独立の宗教法人とはなっていない。教会運営や計画等は、信徒と牧師による話し合いで立案されるが、この教会の物事を決める最終決定権は、この教会が所属しているアメリカ長老教会（PCA）にあり、この教会は最終決定権を持っていない。この教会の運営や計画等の立案がPCAの委員会に諮問され、そ

こで承認されて、最終的に決定されるのである。総会は、ブリンマー長老教会の総会に日本語教会も参加するという形で行われる。日本語教会自身の総会は存在しないのである。

　この教会の現在の状況は、教会運営や伝道等の係は決めているが、役員会は組織せず、フィラデルフィアの米人の教会連盟をスポンサーとしていた草創期のフィラデルフィア日本人教会の状況によく似ている。日本人教会が自身の教会のスポンサーはあったものの、所属教会を持っていなかった点が違うだけである。また、両教会は、日本人教会が戦時中という特殊状況下で創立されたという点は違うが、創立されてまだ年数が立っていない点や会員が様々なキリスト教の宗派の人で構成されている点が共通である。年数の浅さやエキュメニカルな点を考慮し、係だけを決め、確定した長老会等の役員会を組織しないでスタートした方が実践的には適切であると、両教会の創立者も会員も判断しているのである。このように、教会の創立期には、年数の浅さや超教派的な状況等の条件が同じになることが多いので、緩やかな組織のままにしておくという傾向が見られるのである。

　この教会の毎週の礼拝の係は、礼拝の受付と礼拝の席への案内・奏楽・会計・英語や日本語への通訳・食事・教会学校・献金である。係の分担については、誰でもできるものについては、牧師夫人が取りまとめを行って決めている。この分担については、信徒達の持ち回りで行われている。英語や日本語への通訳や奏楽については、それができる人に依頼している。通訳は、現在、ハバフォード大学でアメリカ人に日本語教育を教授している信徒が行っている。奏楽は、最初、音大出身の人と牧師夫人が交代でオルガンの奏楽を担当し、それにドラマーが1人で行われていた。最近は、オルガンは音大出身の人1人、エレキギターの人が2人、ドラマーが1人と楽器が増え、そのチーム構成で奏楽が行われている。奏楽がこのスタイルになったのは最近のことである。以前は、オルガンのみのクラシックな奏楽が行われていた。この教会は若い人が多いので、若者向けにこのス

第5章　フィラデルフィアの日系人キリスト教会　109

　タイルが取られるようなってきたのである。奏楽担当は、毎週特定の人達が担当して行われている。礼拝では、スクリーンに、礼拝で用いられる讃美歌や使徒信条や聖書の箇所が英語及び日本語で映し出されるが、この字幕は牧師夫人が作成している。週報は、牧師が作成している。

　礼拝は、子供の礼拝（教会学校）が先に行われる。子供の礼拝は、子供の讃美歌・主の祈り・聖書のお話の順に行われる。聖書のお話では、絵等が用いられ、子供に分かりやすいように工夫された説教が行われている。説教で用いられる言葉は日本語がほとんどであるが、説教を担当する人がアメリカ人の場合は、英語で行われる。それが終わると、子供達は、礼拝所を出て、子供達の分級に出席する。分級では主として日本語が用いられるが、アメリカ人の子供もいるので、英語も適宜使って行われる。子供の礼拝が終わった後で、大人の礼拝が行われる。大人の礼拝は、讃美歌・使徒信条・讃美歌・祈り・説教の聖書の箇所・説教・讃美歌・献金・讃美歌・祝福の祈りの順に行われる。この教会の礼拝では、同じ讃美歌が日本語と英語の双方で行われるため、それに費やされる時間が多く、音楽礼拝の様相を呈している。これは、礼拝出席者が日本人ばかりでなくアメリカ人も相当数いるので、これに対応するためである。アメリカ人が相当数いるのは、礼拝に出席する人達に国際結婚組の人達が増えてきているためである。説教は、李牧師が担当するときは、日本語で行われているが、李牧師が不在の時は、アメリカ人の牧師が英語で説教を行っている。このため、礼拝では、李牧師の時は、英語の同時通訳が行われ、アメリカ人の牧師の時は、日本語の同時通訳が行われている。しかし、この教会の主任牧師は、李牧師であるので、礼拝の説教は日本語で行われるのが通例であり、李牧師不在の時のみ、アメリカ人の牧師が臨時牧師を務めているのである。

　礼拝での説教は、長老教会の思想を反映し、信徒が自己を空しくして、謙虚にまた従順に「神の道具」として「神の栄光のために」仕えることを

説いたり、日常生活の中で、自分が何の咎もないのに、他者に虐げられている時は、他者の中にいる悪魔がそうさせているのだから、その相手に対して復讐せず、神に裁きを任せなさいと詩篇7章1節から17節の聖書の箇所を説き明かしたりしている。前者は、ジャン・カルヴァンが宗教改革の時に掲げた標語「神の栄光のために」の思想に対応する説教である。後者は、「目には目を」という形で相手に復讐をせず、復讐を神に任せるというピューリタンの説教者ホールンベークのピューリタンの教えを連想させる説教である。(Max Weber, 1920, S. 96f.) また、出エジプト記の説教では、この教会で行われているアメリカでの日本人への伝道は、その狙いは、日本人の救い（日本人の「出エジプト」）のためにあるという使命を強調している。第2次大戦中、李牧師の母国である韓国は日本人に酷い目に遭わされたが、それに対して、裁きは神に委ね、自分は復讐しないで、反って、日本人の救いのために働くことが自分の使命であると、李牧師は考え、日本人に伝道を行っているのである。これは、「恨みに対して徳で報いる」というキリスト教の愛敵思想に基づくものなのである。この教会は信徒訓練を重視しているため、最近では、信徒訓練向けの説教がしばしば行われるようになってきている。

　この教会では、既成の伝統にとらわれず、大胆な教会運営を行っている。サンクスギビングデーなどのアメリカの行事は、この教会では行っていない。バザーも行っていない。この教会では、キリスト教固有のクリスマスとイースターが、主たる行事となっている。クリスマス礼拝は、昼の日本語礼拝と夜のブリンマー長老教会との英語の合同礼拝がある。ノンクリスチャン向け中心の伝道が行われ、食事がたくさん準備され、クリスマスの劇が行われ、また、讃美歌が歌われる。イースターには、イースターの卵探しが行われ、昼食には御馳走が出される。日本食スーパーのMaido等で、子供が喜ぶ商品や大人が喜ぶ米やラーメン等の商品を購入して、参加した人達にそれが与えられるのである。

新来者に配慮するため、聖餐式も定期的に行わず、年に数回しか行っていないのである。

若者達が多く集まる教会であるので、結婚式は、これまでに数回行われてきている。この教会では、キリスト教徒になった人にのみ結婚式をあげることを認め、そうでない人達には認めていない。結婚式では、親が証人になって行われる。結婚式のセレモニーは、結婚する当事者達の意向を取り入れて行われてきている。

若い人が多いので、葬儀は、この教会ではまだ一度も行われていない。

洗礼は、次の6段階を踏んで行われる。

1. 英語による幼児保育を行い、その間子供から自由にしてあげ、その母親達に伝道を行う。
2. 教会の礼拝に誘い、伝道を行う。
3. 礼拝の伝道の中で、洗礼を申し込まれた人には、テキストを用いて、4回シリーズの学び（聖書について・神について・人間と罪について・イエス・キリストについて）を行う。この学びは、信徒が指導を行う。
4. イエス・キリストを信じる10回シリーズの学びを、約3ヶ月行う。この学びは、牧師が指導を行う。この学びは、救いの確信と成長1・救いの確信と成長2・教会・洗礼について・神との交わり・礼拝を目的とする人生・教会員の務め・あかしの生活・教会の純潔と一致・洗礼に備えようの構成となっている。
5. 救いの証を書いて、それを教会のホームページに公表する。
6. 洗礼を行う。

3と4の学びは、教会出席や教会奉仕や献金等の信徒の基本的な態度を身に付けさせるために行われる。

この教会の紹介は、基本的には口コミで行われている。その他に、この教会では、日本人会の会報に毎回この教会の礼拝等の曜日や時間・場所・電話番号等の情報を掲載したり、ホームページでこの教会の紹介や日曜礼拝時間や教会のある場所の地図や牧師紹介や証等を掲載して広報活動を行っている。

　次に、ノンクリスチャン向けの伝道活動の第一段階となる日常活動について見てみよう。

　この教会では、この教会の近くにある地域、特に日本人の短期滞在者が多く住んでいるブリンマーのラドウインアパートの30世帯向けのサポート活動が行われている。サポート活動は、車を買う援助・空港の送迎・病気になった人達への精神的ケア・子供の世話（英語教育やテコンドーの教授）等、幼児を抱えた日本人の家族向けの日常生活の援助活動であり、その活動を多岐に渡って行っている。子供向けの活動としては、親子クラブが毎月2回、英語教育が毎週、テコンドークラブが毎週行われている。親子クラブは、子供を抱えた母親向けに行われている活動である。幼児保育を引き受け、子供の保育をしなくても良くなった母親達を集めて、キリスト教についてのお話をする活動である。牧師夫人等がこの活動を行っている。英語教育は、ネイティブスピーカーが子供達に英語を教える活動である。テコンドーは、日本で言う空手のようなスポーツで、このスポーツを子供達に教えている。牧師がこのスポーツを教えている。

　この教会は、日系人教会の特徴の箇所で述べたように、日本人がやや多いが、それ以外の人々も相当数出席している教会である。年齢層では、若い年齢が多い教会である。思想的には、保守的で伝統的な教会である。教会政治では、牧師中心的な教会である。宗教指導者については、韓国人の牧師が説教や聖礼典等の牧会活動を行っている教会である。

　会員数や予算規模から見れば、この教会は、店先の教会に該当する。会員の教会からの距離を指標にして見ると、この教会は、郊外にある通勤圏

内にある出席者が大半を占めている教会である。この教会を運営するための資金は、主として毎週の礼拝献金や信徒の月定献金・感謝献金・宣教献金で賄われている。月定献金は、信徒の収入の10分の1を献金するように決められている。牧師給については、その半分をブリンマー長老教会が負担している。アメリカの日本人に伝道しているこの教会は、日本の牧師達に海外で伝道するためのモデルケースとなっており、世界のどこでも開拓伝道が可能であるということを日本の牧師達に伝える役割を果たしている。

　次に、この教会での信徒訓練について見てみよう。

　この教会では、信徒、特に日本人の主婦向けに信徒訓練を行っている。これは、毎週5～6回行われている。信徒訓練向けのテキストが用いられ、このテキストの割り当てられた箇所を全部読んでくることが課題として課せられている。出席は、毎回必ず取って行われている。牧師のエネルギーの大半はこのために使われている。この狙いは、信徒に伝道を行う能力を身に付けさせ、牧師の伝道活動をサポートしてもらうためである。この訓練に要する時間は、3年程度必要である。この課程を修了した者は、教会での伝道活動の主力を担うことになる。この課程用のプログラムは、6段階構成となっている。この6段階のプログラムは、次頁の図の通りである。現在、伝道のために16のスモールグループの集会がこの教会では結成されている。この課程修了者は、そのスモールグループの中のノンクリスチャン向けの集会のリーダーとなっている。集会は、ノンクリスチャン向けの集会とクリスチャン向けの集会に分けられている。クリスチャン向けの集会は、牧師が担当し、ノンクリスチャン向けの集会は、訓練された信徒が担当している。伝道活動は牧師だけでは不十分であり、訓練された信徒が必要とされるのである。イエス・キリストが少数精鋭の12使徒を選ばれたのは、イエスの教えを伝えるための特別に訓練された信徒が必要だったからなのである。上記の課程修了者は、この使徒に匹敵する人達

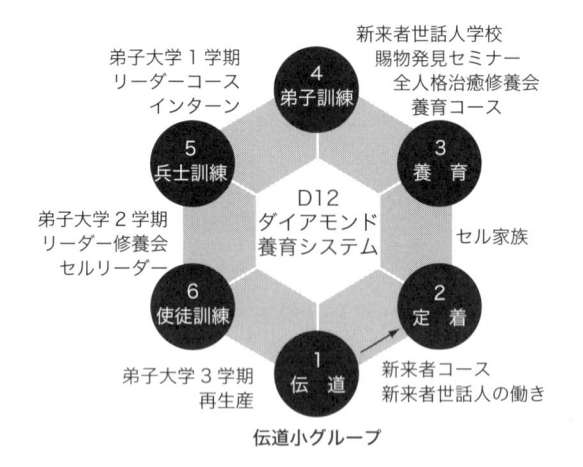

```
                            新来者世話人学校
              4            賜物発見セミナー
   弟子大学1学期   弟子訓練        全人格治癒修養会
   リーダーコース               養育コース
   インターン
          5             3
          兵士訓練        養      育
                 D12
                ダイアモンド           セル家族
   弟子大学2学期    養育システム
   リーダー修養会
   セルリーダー
          6             2
          使徒訓練        定   着

   弟子大学3学期   1       新来者コース
   再生産       伝 道     新来者世話人の働き

            伝道小グループ
```

ブリンマー日本語教会ダイアモンド養育システム
TWO WINGS（WORSHIP & CELL GROUP）

であり、牧師の伝道活動を支える主力となるのである。李牧師の表現によれば、この信徒達は、司令官である牧師を支える下士官に相当するのである。この信徒達は、「羊を産む能力」、すなわち伝道する力を持った自立した信徒達なのである。

　次に、李牧師が主催し計画立案して行っている東海岸日本人教会合同礼拝や牧会者セミナーについて見てみよう。

　東海岸合同礼拝は、ボストンからワシントンまでの16の日本人教会が一堂に会して、年に1回、8月の終わりから9月の初旬にかけて宿泊して行われる合同礼拝である。このための場所と講師が選ばれて行われる。16の日本人教会の牧師達と信徒達やノンクリスチャン達が集まって、集会や交流が行われるのである。この合同集会は、今回で2回目になる。2008年の今回は、ニューヨーク州のエッディファームで実施された。

　牧会者セミナーは、アメリカで日本人教会の牧会を行っている牧師達を集めて行われる集会である。この集会も年に1度開催されている。こ

のための場所と講師が準備されて行われている。今回で3回目になる。2009年の3月は、ハワイのワイキキリゾートホテルで開催された。この牧会者セミナーは、東海岸で伝道する牧師達に活力を与える役割を果たしている。

　最後に、この教会の課題について述べて結びとしよう。

　この教会は、日本から来た企業の駐在員や研究者等の短期滞在者達と国際結婚をした永住者達という主として若い年齢集団が集う教会である。短期滞在者は、2～3年で日本に帰国することが多いため、教会出席者の出入りの激しい教会である。安定的な人数を確保するためには、永住者達を中心にして伝道し、それに加えて短期滞在者にも伝道を行うことが必要である。それがこの教会の課題である。この課題を達成するために、伝道の範囲をこれまでの近隣地域より遠い地域にまで広げていくことを検討している。具体的には、ランカスター地域への伝道を考え、この地域に居住している日本人のクリスチャン達と話し合っているところである。

　次に、社会生活が教会に与える影響について論究していこう。

　先ず最初に、社会経済的側面から見てみよう。

(4) 社会生活が教会に与える影響

社会経済的側面

　上記で見たように、フィラデルフィア日本人キリスト教会が創立されたのは、1944年という日米大戦中であった。日本の敗戦が濃厚になったこの時期、収容所に隔離されていた日系人達は、ようやく収容所から解放されて自由の身となった。住んでいた地域から収容所へと移動を余儀なくされていた日系人達は、収容所から解放された後、かつて住んでいた地域に戻った人達もいたが、そうでない人達もいたのである。西海岸から収容所に移動させられた人達は、西海岸に戻った人が多かったが、一部の人達は

東海岸に留まることになったのである。東海岸に留まったのは、子供達が東海岸の大学に進学したので、親たちも子供のいる東海岸を選んだ場合もあったが、収容所に移動させられるとき、家や主な資産を処分し、スーツケース２つだけしか持っていけなかったので、収容所を出た後、働く必要があったからである。東海岸には、ニュージャージー州シーブルックの農産物の冷凍工場が、敵対国の日本人でも雇ってくれたからである。そのため、収容所を出た多くの日本人が職を求めてこの冷凍工場に集まってきたのである。また、戦時中でも日本人に好意的であったクエーカー教徒の町、フィラデルフィア市を選んだ人達もいた。クエーカー教徒達は、収容所への列車の中で食べる食料を差し入れしたり、収容所での子弟の教育をしてくれたり、収容所から解放する手助けをしてくれたりしたからである。

　収容所から出た日系人達の中には、収容所から出た後、日系人に比較的好意的な地域や職を求めて、フィラデルフィア市に移動してきた人もいたのである。フィラデルフィア日本人教会の創立者の一人であった土山は、こうした転住者達や元々フィラデルフィア市に住んでいた人達の家を一軒一軒訪ね、この地に日本人教会を作ろうと説いて回ったのである。収容所から出た日系人が自分たちにとって住みやすく職探しも可能なフィラデルフィアに転住してきたことが、フィラデルフィアに日本人キリスト教会が作られる契機にもなったのである。このようにして形成された日本人キリスト教会に、後から転住してきた日本人が参加するようになった。例えば、子供がフィラデルフィア地域に居住しているので、それを頼って、収容所から解放後、フィラデルフィアに来た人やシーブルック冷凍工場で長年働いた後、フィラデルフィアに住んでいる子供を頼って来た人達がフィラデルフィアの日本人キリスト教会の教会員となった場合もあるのである。

　その具体例として、収容所を出た後、シーブルックに行き、そこから

第5章　フィラデルフィアの日系人キリスト教会

フィラデルフィアに移住し、日本人教会の教会員となった池田さんについての教会月報のインタビュー記事について見てみよう。

　池田さんは一世というよりはアメリカ生まれの日系二世のパイオニアでいらっしゃいます。レストラン経営のご両親の元に1904年にサンフランシスコで生まれました。当時の日系人としては成功していたご両親でしたが、1906年の大地震でレストランは全焼し、池田さんは日本の母方に預けられて育ちました。1922年、中学4年の時、その頃カリフォルニア州を席巻していた日本人排斥運動に乗って排斥法案が成立しそうな動きがあったため帰米されましたが、その時にはご両親はすでにクリスチャンになられており、鹿児島で神道の影響深く教育を受けられた池田さんは、毎週教会へ行くことに反発を感じておりました。ところが聖書を勉強しているうちにその年のクリスマスに受洗され、信仰生活は今年で68年になります。
　1930年、池田家に試練の時が訪れました。お母様が、車で事故に会われ、亡くなってしまわれたのです。メソジスト教会のサクラメント集会にいかれる途中でした。残されたお父様は池田さんご兄弟を連れてサニーナスへと移られ、友人と農業を始められました。その土地で池田さんは結婚され、4人の子供に恵まれました。
　幸せな生活も束の間、太平洋戦争の勃発と共に、アリゾナ州ボストンキャンプへと強制収容され、日系人受難の時代を迎えられました。そんな中でも池田さんたちは信仰を離れず、キャンプ内に教会を始めるなど、礼拝を守りました。
　1944年、日本の敗色の濃い中、キャンプは解放され始め、池田さん御一家はニュージャージーのシーブルックへと移ります。そこではシーブルック冷凍会社が日系人受け入れをうたっていたので、行き場のない日系人の多くが職を求めて集まってきていました。日本人教会も与え

られ、平穏な生活が戻ってきました。池田さんはそこで40年を過ごされ、1952年にお父様、78年に弟さん、82年に奥様をおくられました。現在は、キング・オブ・プロシアの御長男の元に居られますが、教会に来られるときは、颯爽とダットサントラックを乗り付け、その御健在ぶりに若者も脱帽といった様子なのは皆様の御覧の通りです。(『教会だより』7号、1991年1、2月、18-19頁)

収容所から解放後、子供がフィラデルフィアの大学に進学し、そこで結婚したので、フィラデルフィアに来ることになり、やがてフィラデルフィア日本人キリスト教会で洗礼を受け、教会員となり、自宅で家庭集会を行っていたと証言し、また、戦時下にもかかわらず、収容所に行く車中で食べる食料を差し入れたり、収容所に入れられた日本人の子弟のために、収容所内に学校を作って教えてくれた平和主義者で友愛精神に富むクエーカー教徒のことについても証言している一世の坂本さんのお話を、次に見てみよう。

　戦争が始まったのは1941年の暮れで翌年の春、5月にアリゾナの奥地の収容所（ボストンキャンプ）に行きました。持ち物全部、家も店も売ってしまいました。ほとんど何でも投げ売りだったんですよ。一人がスーツケース二つ下げて。おんぼろの汽車に乗っていきました。フレンド派の人達が車中に食料を持ってきて下さいました。(『教会だより』59号、1996年12月、7頁)

　私がアメリカに来たのは1923年の秋、数え年18歳の時でした。当時仕事でロサンゼルスにいた父の呼び寄せでたった一人で海を渡りました。短い間でしたが父と暮らし、また一緒にイブニングドレスを着て宮様にまみえたのはこの頃のことで、なつかしい思い出です。その翌年、

第5章　フィラデルフィアの日系人キリスト教会

知り合いの薦めで当時南カリフォルニア大学で薬学を勉強していた坂本清三と結婚しました。1924年4月8日のことです。6月に坂本は薬剤師の免状を取って大学を卒業し、その翌年に日本人街の中心に二人でDrug Storeを開業しました。長女しげこ、次女ひろこにも恵まれ、順調な生活でした

やがて15年ほどたちました。坂本の大学時代の学費や店の開業費のために人様からお借りしていたお金もやっとどうやらお返しして、やれやれと思った矢先に日米戦争勃発、本当に驚きました。太平洋沿岸に居住していた日系人は期日を決めて全員立ち退きを命じられ、追い立てられるまま店も住居も何もかもすっかり捨て売り同然に処分して、収容キャンプに入ったのが1942年のことでした。荷物はスーツケース2個だけが許され、懐中電灯もカメラも所持は許されませんでした。

そこはアメリカで一番暑いアリゾナ砂漠の真ん中に急拵えで作られたバラックで、複数の家族が女も男もごった寝で一室に5～8人ほど雑居させられました。（後には一家に一室となりましたが）アーミーの使っていた硬いベッドは寝返りもできず、特に若い娘達は同室者に男性がいるためいくら暑くても着物を脱ぐことができず、本当にかわいそうでした。そんな生活の中でクエーカー教徒のインテリが外部から来て、子供達のためにキャンプ内に学校を作って教えて下さったことは恵みでした。

日本の敗戦が色濃くなるとキャンプでは徐々に日本人を解放し始め、我が家でも先ず長女がフィラデルフィアのテンプル大学に入学が決まって、キャンプを出ました。長女はそこで結婚し、私たちを呼び寄せてくれました。夫を残して先ず私がフィラに来たのは1945年5月7日のことです。結局三年余りキャンプで生活していたことになります。

戦争が終わると夫もこちらへやってきて、小さな店を始めました。売り上げの方はさっぱりでしたが、話し好きな夫のためいつの間にかその

店は日本人の社交場となり、バイオリニストの江藤としやさんなども「日本食が恋しい」などとおっしゃってよくおいでになりました。

この頃私は当地で坂口達雄牧師より洗礼を授けていただきました。私の方から申し出ての受洗でしたが、友人の一人に「実はあなたのため200回以上祈ってきた。」と聞き、神の御旨に感謝しました。ただ店の関係で日曜礼拝に出ることが難しく、そのことを非常に残念に思っておりましたところ、三宅兄や樋口姉から勧められて、毎週水曜日の午後に住まいの二階で家庭集会を持たせていただくことになったことは本当に喜びでした。講師にはウエストミンスター神学生の吉岡先生に来ていただき、良く教えていただきました。この集会は1953年に店を閉めるまで8年間ほど続きました。

その頃から国際結婚できておられる方々とも知るようになり、お互い慰め合ったりお茶を飲んだりもちろん家庭集会にも来ていただき今日に至りました。そのお方達も今は立派にお子をお育てになり、クリスチャンとしてもこの教会を良く守って下さるので、神様はさぞ喜んで愛でていらっしゃることと存じます。(注：現在の教会員で当時の集会メンバーだった方々には仁子ハントさん、朝子グリーンさん、すみこメイソンさんなどがいらっしゃいます。)(『教会だより』4号、1990年10月、18-19頁)

それでは、次に、2世で、第2次世界大戦前は、カリフォルニア州に在住し、大戦中にアリゾナの収容所に入れられ、戦後は日本で働き、その後フィラデルフィア市に移住してきて、日本人教会の教会員となった浜島さんの教会の月報のインタビュー記事について見てみよう。

浜島大作兄は12月25日に生まれた。年齢については「若いようにふるまっているけどそんなに若くはないんだよ。」二世で戦前は南カリ

フォルニアのインペリアルビレッジに住んでいた。彼は7人兄弟の二番目で長男である。子供の頃の思い出については「余り朗らかな思い出がないね。うちのパパは僕にとてもホープを持っていたけれど僕はその期待に添えなかった。」しかし「そうね。洗礼は子供の頃に受けた。A. M. E. 教会（アメリカンメソジストエピスコパル）に行っていたね。プレスビテリアンとあまり変わらないよ。」両親ともクリスチャンで父親はそこで日本人教会を創立した一人だった。少年時代に賀川豊彦にあったことがある。「彼は風のような人だったね。」風のようにやって来てどこでも良いから泊めてくれと言っていたのが印象に残っているという。

戦争中は坂本姉と同様アリゾナのキャンプに入った。その時のことについて「僕は（アメリカ政府のやったことを）許すべきだと思うけど忘れるのは馬鹿だよ。何が起こったかは記憶すべきだと思う。」キャンプをでてからニューヨークに行ってM. I. S. (Military Intelligence Service) に入った。この頃両親達もキャンプをでてNJのシーブルックに落ち着いた。浜島兄は戦後の日本で情報局の仕事をしていたときにきよいさんと知り合い51年頃に結婚（きよいさんのことに話が及ぶと満面笑顔）、それからフィラに来て郵便局のクラークとして35年勤務、85年頃に退職した。きよいさんとの間に一男一女がある。日本人教会に来るまでは42 Pine St.にあるWoodlandプレスビテリアン教会に行っていた。そこでは成句を暗記する習慣がついた。でも日本人教会に来るようになってからクリスチャンとしての行き方を真剣に考えるようになった。(『教会だより』60号、1997年1月、11頁)

次に、フィラデルフィアに元々居住し、そこで飲食業を営むかたわら、フィラデルフィア日本人キリスト教会の教会員の坂本敏子に誘われ、その教会の礼拝に出席し、その後、日本人キリスト教会の教会員となったリー節子さんの教会の月報のインタビュー記事を、次に見てみよう。

大正生まれのリーさん、実はちゃきちゃきの浅草っ子、その昔「はいからさん」を地でいってらしたとのこと。お父様は松竹の蒲田で映画の美術監督をなさっておられ、「自分のしたいことは何でもしていいよ」と育てられたそうです。当時まだ珍しかった洋服を颯爽と着こなして、浅草界隈ではきっと評判だったことでしょう。何しろ、中学の制服も紺の着物に袴でしたから。
　リーさんが帰米二世のご主人とめぐりあわれたのは、戦後のこと。元々外国に行きたかったので、お嬢さんをご実家に預けて、ご主人と共にアメリカへと旅発つのに何の抵抗もありませんでした。元手は何もありませんでしたが、チェスターのホテルのキッチンで委託販売を始め、日に14時間労働という中で一年後にはフィラデルフィアで自分たちのお店を持つことができました。ご主人はコックとして材料を吟味し、いい肉しか使いませんでしたし、当時 Take Out Only の Chinese レストランはまだなく、ご主人の発案で始められたこのシステムと味の良さが受けて、大繁盛となりました。
　ユダヤ人の多いその界隈で、手伝いの人を頼み店を広げ、3年ぐらいも続けたでしょうか。日本人を含めて、全員人種、民族の違う人を雇って、ユダヤ人、イタリア人、オランダ人等々と、それはちょっとユニークな経験でしたが、忙しい生活から逃れるため、店を売ってしまいました。「せっかくはやっているのにもったいない」と言われましたが、未練はありませんでした。ところが、一箇月の休暇を二人で楽しんだ後で、またまた働きたくなり、North Phila の治安の悪い地域で Take Out の店を始めました。そこでも、「場所が悪いから商売になるわけがないから」とみんなに忠告されたんですが、Take Out のシステムを始めるときも、「そんなのはお客が来ないよ」といわれながら、大成功した経験があるので、今度も大丈夫と思っていました。案の定、その界隈でもおいしさが評判を呼び、大繁盛。ご夫婦の後を追ってたくさんの

第5章　フィラデルフィアの日系人キリスト教会　123

Chineseレストランが現在このシステムを採用しているのは皆さんもご存じのとおりです。

　3、4軒、そんな風なお店を開いては売っているうちに、1975年、節子さんは癌が見つかり、入院なさいました。当時癌と言えば即、死と結びつけられていましたから、節子さんも死ぬことばかり考えていました。隣のベッドの方も癌でしたが、その患者さんがクリスチャンで、ある日神父様が訪ねてこられました。お帰りになるときに神父様は節子さんに「God bless you」といって十字を切りました。その時節子さんは何かをつかみたいような、すがりつくような気持ちになられました。そして、その方が先に退院されるとき、本当に心細く寂しく感じました。思えばそれがイエス様との出会いだったのでしょうか。一連の治療の後退院してから、坂本さんに誘われ、毎週教会に行くようになりました。そして翌年のイースターの時、朝子さん、仁子さんと共に洗礼を受けられました。ちょうどアメリカ建国200年祭にわいた年でしたが、当時30人ぐらいしかいなかった教会は2000年前からの信仰の火に新たな群れが加わったすばらしい時を迎えていました。(『教会だより』8号、1991年3月、18-19頁)

　日本人教会の出席人数の変遷を見ると、創立期の最初は、出席者人数が15名程度であったが、西村牧師の時に35名程度となり、坂口牧師の時に50名程度、島田牧師の時に55名程度、藤田牧師の時に70名程度、村田牧師の時に45名程度、現在は、30名程度となっている。在任期間の長かった島田牧師と村田牧師の時は、島田牧師が55〜69名、村田牧師が39〜55名とその人数の振幅が激しいが、これは、島田牧師の後半期が、好景気のバブルの時代であり、村田牧師の前半期が、バブル崩壊の時代であることに起因すると考えられる。また、1970年代の後半期は、島田牧師が牧会をしていた時期であるが、この時期に、坂本さんの家で行

われていた家庭集会に参加していた国際結婚グループの女性達が新たに教会員に加わり、教会員数が増加したのである。他方、村田牧師の後半期には、2000年に、同じ長老教会のブリンマー日本語教会というライバル教会が出現したことも、教会員数の減少と関係があるのである。ブリンマー教会は、新しく建設された大きな教会で、教会施設も立派である。その傘下にあるブリンマー日本語教会は、綺麗で最新の設備を持った設備を借りて大人の礼拝や子供の礼拝及び育児等を行っており、小さな子供のいる若夫婦に人気がある。また、この教会を牧会している牧師が日本人教会の牧師に比べて若く、若い人達のニーズに合った方法で、教会を動かしているため、若い人達が集まってくるのである。

島田牧師の後半期には、教会員の増加を受けて、手狭になった現会堂から新会堂の建築の要望が提起されている。教会員の増加により、教会の予算規模も増加したので、新会堂建築も可能と判断された上での要望であったが、現会堂に愛着を感じる教会員が多かったために、新会堂建築は行われなかったのである。

現在の会堂ができた頃から、日本人教会では、ホームレスの人達のための給食活動も行っていたのである。それは、婦人会の人達が協力して食事を作り、それをホームレス支援事業を行っている近くにある聖バーナバス教会に届ける活動である。こうした活動は、フィラデルフィアの諸教会が行っている。それは、フィラデルフィアにホームレスの人達が多いからである。

ところで、フィラデルフィア市は、ライフサイエンス関係の企業が多く、特に製薬関係の企業が集中しており、世界の8割の製薬企業が集中している町である。このことは、教会員の職業にも反映している。製薬研究者やバイオサイエンスの研究者や化学関係の仕事をしている人が、フィラデルフィア日本人教会やブリンマー日本語教会の教会員の中にいるのは、そのことを象徴しているのである。

第5章　フィラデルフィアの日系人キリスト教会　125

今度は、社会政治的側面から、教会について見てみよう。

社会政治的側面

フィラデルフィア日本人教会は、戦時中の1944年に創立されたのであるが、この創立の理由は、日系人達が日系人教会を作ることを望んでいたからである。それは、フィラデルフィア在住の日系人にとって、日米大戦という未曾有の苦難の中で、自分たちが一致団結し、苦楽を共にする集団が必要だったからである。日米大戦という政治的苦難が、フィラデルフィア市に在住する日系人キリスト者達に日本人教会を作らせるきっかけとなったのである。また、日米大戦中という政治的敵対関係にあるので、外部に配慮して、この教会の名称も、「フィラデルフィア日本人キリスト教同志会」としたのである。この間の事情について、土山は、次のように述べている。

　　3年間の一般神学課程を2カ年で終了でき、1944年8月22日に卒業式があり、マスター・オブ・ディビニティの学位を得ました。
　　その時、シカゴの日本人教会の大山義松牧師が卒業式に参加さするために来られました。そして、アーカンソーの収容所でご一緒であって、フィラデルフィアに転住されていたスタントン長老教会の信徒の金田さんご一家を訪問するために、私を連れて行かれました。お宅は、ブラウンストリートにある旧い煉瓦造りの小さな建物のクエーカー派の集会所フェローシップハウスの3階にありました。ご歓待を受けているとき、金田トメ夫人は、「当地には相当たくさんの日本人が収容所から転住してきているが、日本人教会がまだないので、教会をぜひ始めてほしい。」と依頼されました。(『教会だより』32号、9頁)
　　名称も戦時中であるので外部に遠慮して、教会名を名乗らないで『フィラデルフィア日本人キリスト教同志会』としました。(同誌、11

頁)

　ところで、社会経済的側面の箇所で述べたように、島田牧師の時の後半期から藤田牧師の時は、教会員の数がピークに達した時であり、この人数に対応するため、教会は、執事職を新たに設け、組織の再編成を行った。教会員全員が、教会で何らかの奉仕をすることにより、教会に関わることができるような木目が細かく、目配りの聞いた組織に模様替えするために行われたのである。これは、教会運営の仕方を人数に合うように編成替えしたものであり、その意味で、教会内政治の重要な変更であった。教会員数の急増に伴い、教会が自主的に教会組織を変更しているので、この教会組織の変更は、組織が自分で自分を変えていくという自己組織性の特徴を持っていると言うことができる。

　それでは、次に、この教会組織の変更を具体的に見ていこう。

　1983年から1988年までは、教会の最終決定機関である長老会(セッション)の下に、礼拝・聖書研究会・伝道・交わり・行政の各役割機能集団に分けられ、教会運営が行われていた。行政が行政・建物・財務に細分された時期もあったが、それは細分されただけにすぎず、基本的には、上記の5の各役割機能集団に分けられて運営されていたと考えることができる。教会の運営組織に大きな変化があったのは、1989年の12月1日の長老会で、執事会(ディーコン)を置くことが決定されてからである。執事会が導入されたのは、89年当時の日本人教会は、教会員が急増したため、それに対応するため、以前よりきめ細かな運営をする必要が生じたからである。この間の事情について、1989年の総会資料には、次のように述べられている。

　　1989年12月1日のセッションにて、教会にディーコン(執事会)を置くことが決められました。ディーコンの語源はギリシャ語の

教会活動の役員（1988年）

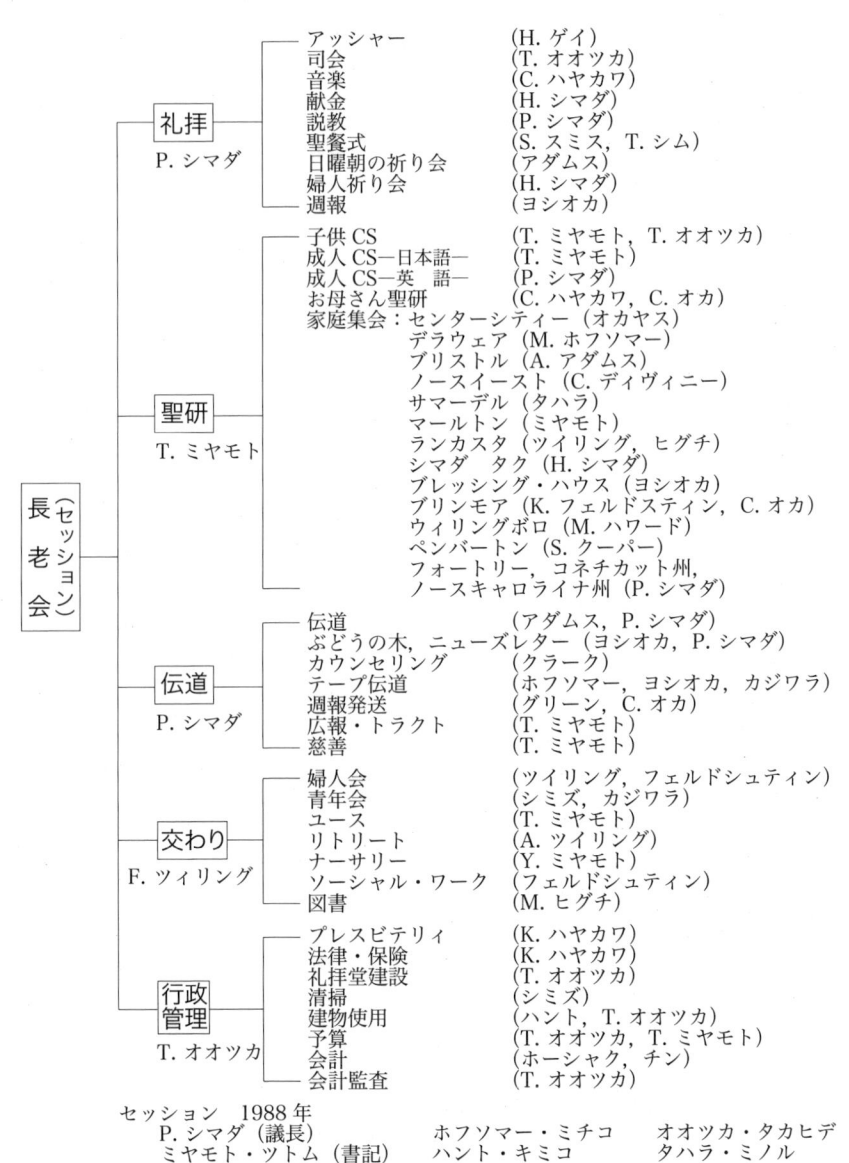

```
長老会（セッション）
├─ 礼拝　P. シマダ
│   ├─ アッシャー　　　　　　　　（H. ゲイ）
│   ├─ 司会　　　　　　　　　　　（T. オオツカ）
│   ├─ 音楽　　　　　　　　　　　（C. ハヤカワ）
│   ├─ 献金　　　　　　　　　　　（H. シマダ）
│   ├─ 説教　　　　　　　　　　　（P. シマダ）
│   ├─ 聖餐式　　　　　　　　　　（S. スミス, T. シム）
│   ├─ 日曜朝の祈り会　　　　　　（アダムス）
│   ├─ 婦人祈り会　　　　　　　　（H. シマダ）
│   └─ 週報　　　　　　　　　　　（ヨシオカ）
├─ 聖研　T. ミヤモト
│   ├─ 子供CS　　　　　　　　　　（T. ミヤモト, T. オオツカ）
│   ├─ 成人CS─日本語─　　　　　　（T. ミヤモト）
│   ├─ 成人CS─英　語─　　　　　　（P. シマダ）
│   ├─ お母さん聖研　　　　　　　（C. ハヤカワ, C. オカ）
│   └─ 家庭集会：センターシティー（オカヤス）
│                デラウェア（M. ホフソマー）
│                ブリストル（A. アダムス）
│                ノースイースト（C. ディヴィニー）
│                サマーデル（タハラ）
│                マールトン（ミヤモト）
│                ランカスタ（ツイリング, ヒグチ）
│                シマダ タク（H. シマダ）
│                ブレッシング・ハウス（ヨシオカ）
│                ブリンモア（K. フェルドスティン, C. オカ）
│                ウィリングボロ（M. ハワード）
│                ペンバートン（S. クーパー）
│                フォートリー, コネチカット州,
│                ノースキャロライナ州（P. シマダ）
├─ 伝道　P. シマダ
│   ├─ 伝道　　　　　　　　　　　（アダムス, P. シマダ）
│   ├─ ぶどうの木, ニューズレター（ヨシオカ, P. シマダ）
│   ├─ カウンセリング　　　　　　（クラーク）
│   ├─ テープ伝道　　　　　　　　（ホフソマー, ヨシオカ, カジワラ）
│   ├─ 週報発送　　　　　　　　　（グリーン, C. オカ）
│   ├─ 広報・トラクト　　　　　　（T. ミヤモト）
│   └─ 慈善　　　　　　　　　　　（T. ミヤモト）
├─ 交わり　F. ツイリング
│   ├─ 婦人会　　　　　　　　　　（ツイリング, フェルドシュティン）
│   ├─ 青年会　　　　　　　　　　（シミズ, カジワラ）
│   ├─ ユース　　　　　　　　　　（T. ミヤモト）
│   ├─ リトリート　　　　　　　　（A. ツイリング）
│   ├─ ナーサリー　　　　　　　　（Y. ミヤモト）
│   ├─ ソーシャル・ワーク　　　　（フェルドシュティン）
│   └─ 図書　　　　　　　　　　　（M. ヒグチ）
└─ 行政管理　T. オオツカ
    ├─ プレスビテリィ　　　　　　（K. ハヤカワ）
    ├─ 法律・保険　　　　　　　　（K. ハヤカワ）
    ├─ 礼拝堂建設　　　　　　　　（T. オオツカ）
    ├─ 清掃　　　　　　　　　　　（シミズ）
    ├─ 建物使用　　　　　　　　　（ハント, T. オオツカ）
    ├─ 予算　　　　　　　　　　　（T. オオツカ, T. ミヤモト）
    ├─ 会計　　　　　　　　　　　（ホーシャク, チン）
    └─ 会計監査　　　　　　　　　（T. オオツカ）
```

セッション　1988年
　　P. シマダ（議長）　　　　　　ホフソマー・ミチコ　　　オオツカ・タカヒデ
　　ミヤモト・ツトム（書記）　　　ハント・キミコ　　　　　タハラ・ミノル

diakonos（仕える者、執事の意）で、紀元二世紀頃には、既に初期キリスト教会内の役職としてその名を見ることができます。日本語の『執事会』は発音が『羊飼い』とも聞こえるので、英語で『ディーコン』と呼ぶことにしました。閑話休題。ディーコンの役割を要約すると、以前からあった教会内の色々な役割を、その内容毎にいくつかのグループに分け、おのおののグループの代表が集まって月に一度、教会の実務上の連絡、調整をするための集まりである、と申せましょう。主の教会として与えられている福音の伝道と、教会員の信仰生活の向上に寄与する教会の諸活動とのいっそうの発展のために、新たに設置されました。このようにディーコンは役割集団の名称なのですが、同時にこの役割集団を構成するおのおののグループの代表の呼名でもあります。（『フィラデルフィア日本人教会 1989 年総会報告』22 頁）

日本人教会の長老会は、教会員の急増に対して、この執事会を設置することにより、教会員全体に目の届く運営ができると考えたのである。執事会を設置すれば、教会運営の様々な仕事により多くの教会員が参加できるからである。執事会が設置されたのは、島田牧師が牧会をしていた後半記の時期であった。この執事会が見直されることになり、廃止されることになったのは、1992 年の藤田牧師の時期であった。その理由は、日本人教会の定義する執事会と日本人教会が属しているアメリカ合衆国長老教会の執事会の定義が食い違っていることが判明したからである。日本人教会は、上記の総会資料の文章で述べられているように、執事会を「教会の実務上の連絡調整をするための集まり」と定義しているが、長老教会では、「病気の人や、友なき人、悩んでいる人など、隣人を必要としている全ての人に対する牧会的なケア」と定義しており、その規定の仕方がかなり異なっているからである。この指摘は、1993 年 1 月発行の教会の月報機関誌『教会だより』25 号で、次のように述べられている。

教会運営の方法（1989年）

```
        ┌─────────────────────────┐
        │    長老会（セッション）     │    教会の最終決定機関
        │ 議長      シマダ牧師      │
        │ メンバー    長老          │
        │ オブザーバー  若者・婦人会代表 │
        └─────────────────────────┘
```

教会の実務を　　　　　　　　　教会の霊的な
司る組織　　　　　　　　　　　ことを司る組織

```
   ┌──────────────────┐    ┌──────────────────┐
   │      執事会        │    │    家庭集会組織     │
   │ 議長    クサカベ    │    │ 議長    ミヤモト    │
   │ 運営委員  執事     │    │ メンバー  リーダー    │
   └──────────────────┘    └──────────────────┘
```

分担会				
月一回	礼拝	オオツカ	デラウェア	ホフソマー
	教会学校	シミズ	ノースイースト	シャム
	伝道	シマダ，ミヤモト	ニュージャージー	ミヤモト
	交わり	カジワラ	ブリンモア	オカ
	行政	ハヤカワ	ジャーマンタウン	スミス
	婦人会	ヒグチ，ゲイ	ヤードレー	アケミ
	小羊の群れ	ゴトウ	ウィリングボロ	ハワード
			アードモア	カタヤマ
	英語	シミズ	ペンバートン	クーパー
	ドレクセルヒル	タカハシ	若者	カジワラ

私たちの教会に執事会（ディーコン）ができたのは1989年の12月でした。当時の教会員あて案内には、次のように記されています。『1989年12月1日のセッションにて、教会にディーコン（執事会）を置くことが決められました。ディーコンの語源はギリシャ語のdiakonos（仕える者）、執事の意』で紀元二世紀頃にはすでに初期キリスト教会内の役職としてその名を見ることができます。日本語の『執事会』は、発音が『羊飼い』とも聞こえるので英語で『ディーコン』と呼ぶことにしました。閑話休題。ディーコンの役割を要約すると、以前からあった教会内の色々な役割を、その内容毎にいくつかのグループに分けおのおののグループの代表が集まって月に一度、教会の実務上の連絡調整をするための集まりである、と申せましょう。主の教会として与えられている福音の伝道と、教会員の信仰生活の向上に寄与する教会の諸活動とのいっそうの発展のために新たに設置されました。』
　当時、教会に執事会を設置するに至った背景には、教会運営の様々な仕事により多くの教会員に参加していただきたいというセッションの祈り、願いがありました。この願いは、当時も今も変わりありません。ここでは『執事会が設置された背景』と『どういう性格の会であったのか』の2点に留意しておきましょう。
　ところで長老教会（米）では牧師、長老と共に『ディーコン』を教会の公職のひとつとして制定しています。その最大の役割は病気の人や、友なき人、悩んでいる人など、隣人を必要としている全ての人に対する牧会的なケアであると明記されています。
　『ディーコン』は役職の肩書きで、各ディーコンは『ボード・オブ・ディーコン』（と呼ぶオフィス＝委員会）に属します。
　ディーコンの選出は、前回に御紹介した長老の選出と全く同じ手続き（候補者選考委員会によるノミネーション、セッションによる選挙のた

めの会員総会の公示〜選挙〜礼拝にて宣誓〜按手）により、総会の決議（教会員による選挙）によって選出されます。このように長老やディーコンの選出方法は長老教会らしい哲学、『教会の権威と民主主義のバランス』とも呼べる根本精神が具体化したものである事が分かります。

　ただ牧師や長老とディーコンが一つ異なる点は、ある教会で『うちの教会には（ボード・オブ・）ディーコンは必要でない』と言う総会決議があればディーコンを用いなくても良い、つまり各教会にディーコンを置くか置かないかは、それぞれの教会が、その教会員の意志によって決定することができる、という点です。(10-11 頁)

　日本人教会は、長老教会の教憲教規に従い、1992 年にディーコンを廃止し、教会組織の新たな再編を行っている。多数の教会員の要望に応えるため、この再編を行ったのである。こうして、教会組織は、会堂管理委員会・法務広報委員会・特別行事委員会・聖日礼拝準備委員会・宣教教育委員会・財政財務委員会・独立委員会・婦人会・サンシャイン委員会・特別推薦委員会に改変されることになったのである。これは、藤田牧師の時に行われたのである。

　村田牧師の時にも、若干の変更はあるが、基本的には、この線に沿って教会組織が構成されている。例えば、2002 年の教会組織は、長老会（セッション）・宣教教育委員会・聖日礼拝準備委員会・フェローシップ委員会・会堂管理委員会・法務広報委員会・財政財務委員会・特別行事委員会・婦人会・青年会・任命委員会となっている。2004 年には、長老会（セッション）・宣教教育委員会・聖日礼拝準備委員会・フェローシップ委員会・会堂管理委員会・法務広報委員会・財政財務委員会・特別行事委員会・婦人会・しんせい会・任命委員会となっている。この年には、青年会がしんせい会に改称されている。2005 年 7 月 3 日から、村田牧師に代わって、柴川牧師が牧会を行っている。2005 年は、2004 年と全く同

フィラデルフィア日本人教会組織表（1992年）

セッション　メンバー
　1994　タハラ・ミノル兄　　ホフソマー・ミヨコ姉
　1995　ハヤカワ・カズヤ兄　ハント・キミコ姉
　1996　オカヤス・リュウイチ兄　ホール・ハルミ姉

　役職上　シン博士　フジタ牧師
　陪席者　クサカベ・タク師

A　会堂管理・営繕委員会
　担当者　ハント・キミコ姉
　責任部門
　　会堂管理　教会運営　営繕修理　一日領事館　事務所　事務員
　　コンピューター管理
　　委員　ハント姉　ニカイドウ兄　シイキ・ワカコ姉　イシイ・ツトム兄　クラーク兄

B　法務・広報委員会
　担当者　ハヤカワ・カズヤ兄
　責任部門
　　教会記録　提案箱　牧師関係委員　月報・年次報告
　　委員　ハヤカワ兄　ハント姉　婦人会（キンジー姉）

C　特別行事委員会
　担当者　タハラ・ミノル兄
　責任部門
　　50周年記念準備委員会　聖地旅行委員会　修養会
　　委員　タハラ兄　カジワラ兄　オオノ兄　ニカイドウ兄　ミゾベ兄

D　聖日礼拝準備委員会
　担当者　ホール・ハルミ姉
　責任部門
　　聖壇委員　クサカベ兄
　　聖餐式準備委員　スミス・サトコ姉　グリーン・アサ姉
　　献花委員　ツイリング・フジエ姉
　　音楽委員　ハヤカワ・クリス姉
　　児童説教委員　ニカイドウ兄
　　週報委員　シイキ・ワカコ姉
　　礼拝録音委員　キノシタ兄　オオタ兄
　　参加者交流委員　オカヤス兄　アダムス・アサ姉
　　招待状交流委員　ニカイドウ・カズコ姉

E　宣教・教会教育委員会
　担当者　オカヤス・リュウイチ兄
　責任部門
　　日曜学校　オカヤス・マーサ姉
　　家庭集会委員　ニカイドウ・トシオ兄
　　宣教師援助委員　オカヤス・リュウイチ兄
　　テイプ伝道委員　オオタ夫妻
　　トラクト伝道委員　オカヤス・リュウイチ兄　ニカイドウ・トシオ兄

F　財政・財務委員会
　　担当者　ホフソマー・ミヨコ姉
　　責任部門
　　　会計　ヒグチ・ミチコ姉
　　　会計監査　ホフソマー・ミヨコ姉
　　　コンピューター記録　タハラ・マリ姉
　　　年次予算　タハラ・ミノル兄
　　　特別献金　ホフソマー・ミヨコ姉

G　独立委員会（1992年）
　　婦人会
　　担当者　キンジー・キヨコ姉　デーン・カズコ姉
　　責任部門
　　　婦人全般の諸集会　ミニ・バザー　食事会　茶菓

H　サン・シャイン委員会
　　担当者　ニカイドウ・トシオ兄
　　責任部門
　　　教会員訪問・面接　　　牧師
　　　連鎖祈祷委員　　　　　オカヤス・リュウイチ兄
　　　各種記念日・病院訪問　牧師
　　　カード発送　　　　　　シイキ・ワカコ姉
　　　特別挨拶状　　　　　　牧師
　　　クリスマス・カード発送　シイキ・ワカコ姉
　　　特別感謝状　　　　　　牧師

I　特別推薦委員会
セッション　より　タハラ・ミノル兄
（ディーコンより）　オカヤス・リュウイチ兄
会員より　　　　　リー・セツコ姉
　　　　　　　　　キンジー・キヨコ姉
　　　　　　　　　キノシタ・シンジ兄
　　　　　　　　　ニカイドウ・カズコ姉

モデレーター・シン博士
牧師　フジタ・ジョナサン師
教職試補候補者　クサカベ・タク先生

じ教会組織となっているが、2006年には、長老会（セッション）・宣教教育委員会・聖日礼拝準備委員会・フェローシップ委員会・会堂管理委員会・法務広報委員会・財政財務委員会・特別行事委員会、婦人会・任命委員会となり、しんせい会がなくなっている。2002年から2006年までの教会組織を見ると、青年会がしんせい会と改称され、そのしんせい会も2006年にはなくなったのが大きな変化である。しんせい会は、もと青年であった人たちが少し年を取り、青年と呼びにくくなったので改称した名称である。しかし、そのしんせい会も2006年にはなくなってしまったのである。これは、日本人教会に青年が少なくなってしまったためである。

執事会が設置された1989年は、島田牧師が日本人教会牧師を辞任して、開拓伝道に赴く意思を示した時期でもあった。教会は、この時期教会員の急増と共に、新たな牧師を探すために牧師招聘委員会も設置しなければならない多忙な時となっていたのである。島田牧師は、日本人教会の牧会だけではなく、アメリカ内外の諸教会に講師として招かれてもいた。それだけ人気があったわけであるが、そのため、日本人教会を留守にすることが多く、日本人教会の牧会が手薄になるので、教会員の不満も出てきたのである。1992年のフィラデルフィア日本人キリスト教会総会報告資料では、このことについて、次のように述べている。

　牧師の説教については、年52週のうち、神学生と外来者による説教の率が37％は高過ぎて、せめて10回以下のゲストにすべきです。全ての統計的数字のバランスが乱れているのが、1988年から1990年の3年間に集中していることに注目していただきたいと思います。（17頁）

2000年に、同じ長老教会に属する李起変牧師のブリンマー日本語教会が誕生したのも、フィラデルフィア日本人キリスト教会にとっては大きな変動であった。この教会は、日本人短期滞在者が多く住むブリンマーのラ

ドウインアパートの近くに立地しており、そのアパートには、幼児を抱えた若夫婦が多く居住していたからである。その結果、この教会には、幼児期の子供のいる若夫婦が多く集まることになった。この影響で、同じ家族段階にあるフィラデルフィア日本人キリスト教会員の数人がブリンマー日本語教会に移動することになったのである。日本人教会と同じく、フィラデルフィア市郊外に誕生したこの教会は、同じ長老教会であるということもあって、信者獲得競争を行う強力なライバルが出現したことを意味している。村田牧師の後半期にこのライバル教会が誕生したことが、村田牧師の後半期に信徒数が減少したことと関係があると考えられる。ブリンマー日本語教会は、若い教会員、特に幼児のいる若夫婦が多い教会であるので、これと同じライフサイクルにある人達が、日本語教会の方を選ぶことがあるのである。現在では、幼児のいる若夫婦が日本人教会から日本語教会へ移るケースが出てきているのである。

次は、社会文化的側面から、教会について見てみよう。

社会文化的側面

フィラデルフィア市は、クエーカー教徒のウィリアム・ペンによって設立された町である。ペンは、平和を愛し、自由で寛容の精神を持つ市民による自治政府を、この町の理念として掲げ、その理念を示すため、「友愛」を意味するギリシャ語を使って、この町の名をフィラデルフィアと命名したのである。その理念は、この町の思想風土を形成し、爾来、様々な宗教や宗派がこの地に根付き花開いたのである。平和を愛するクエーカー教徒の理念に基づき形成されたフィラデルフィアの町は、日米大戦下でも、日本人に対し友好的で、日本人の文化にも寛容だったのである。戦時下の1944年という時期に、この地で日本人教会が創立できたのは、この自由で寛容な精神に富む思想風土があったからなのである。土山は、フィラデルフィアの米人教会連盟に出向き、日本人教会の創立の必要性を説き、米

人教会連盟に日本人教会設立のためのサポートを願い出て、快諾の返事を貰っている。この事実からも、フィラデルフィアの人達の日本人に対する寛容で物わかりの良い態度が窺われるのである。このことについて、土山は、次のように述べている。

　まず、フィラデルフィアの米人の教会連盟へ行き総主事に会い、収容所から転住した日本人の生活状況や就職状況について話しました。カリフォルニアの諸教派のクリスチャンが相当数おり、また戦前からここに住んでいる日本人信徒も数人いる様子なので、彼らを集めて交わりの場を造り、超教派の教会の日曜礼拝を開始することの急務を説明しました。
　そして、何分にも戦時中であるので、先ず事始めとして黒人街にあるクエーカーの集会所を借りることができるので、米人の教会連盟が日本人教会のスポンサーになって下さるように依頼しました。さらに、私はプリンストン神学大学院を卒業し、またカリフォルニアの日本人教会で定住伝道師の資格を得ているので、ここの担任伝道師として無給で奉仕することを認めて下さるようにお願いしました。総主事は、大変に喜んで下さり、今後全て自分が責任者になって良く取りはからってあげるから、心配しないで伝道の成果を上げるようにと激励して下さいました。
（『教会だより』32号、9-10頁）

　また、当時フィラデルフィア近辺にはクエーカーが多く、日本人を保護してくれていたことや当時のプリンストンでは、町を歩き映画を見ても危険ではなかったと土山牧師が証言していることを現在の教会長老のOが2004年4月25日発行の月報の『教会だより』101号で記している。その文章を、次に見てみよう。

さらに初代牧師の一人土山先生のお話を聞くたびに私はこの東部に住むことをうれしく思う。土山先生は戦争中プリンストン神学校の学生としてプリンストンに住まれていたのである。大変だったでしょうという私の質問に先生は、驚くような答えをされた。戦争中にプリンストンの町を歩き映画を見に行っても何ら身の危険を感じることはなかったと言われるのです。Philadelphia 近辺には Quaker が多く日本人を保護されたということをよく聞くが、それにしても当時のアメリカ人の懐の深さには涙が出るくらい感激する。土山牧師は5年毎の同窓会に必ず出席される。今年も卒業60周年の同窓会に出席されたが、当然最高齢であった。"また5年後に会おう！"と見送りの方々に言って私の車に乗り込まれた土山牧師は"私が今日あるのはプリンストンのお陰です。"と言われた。万感あふれる言葉であった。(101号、13頁)

　このプリンストンの町の寛容とその度量の広さは、フィラデルフィアと同様、この町を作ったクエーカー教徒の自由で寛容な精神がエートスとして根付いていることを窺わせるのである。
　日本人教会が設立され、その教会員の夫婦に子供ができると、子育ての過程で、自分達の子供に自分達の母語である日本語を話せるようになってほしいという要望が生まれ、そうした親の願いを可能にするため、日本語学校を設立しようという気運が高まってくる。フィラデルフィアの日本語補習授業校は、こうした気運の中で、ペンシルヴェニア大学の大学院生達によって、1972年10月に設立されるのである。日本語補習校を学生達が設立するのは、その他に、マサチューセッツ州のアマースト大学の例があるだけである。この設立に、日本人教会の教会員の方が加わっておられたことや1983年に日本人教会の会堂ができていたこともあって、1985年に日本人教会が校舎として利用されることになったのである。こうして、この日本語補習授業校に自分の子供を入学させる教会員も出て来るこ

とになったのである。現在では、フィラデルフィア日本人教会の教会員は高齢者が多いので、子供を持つ若夫婦の多いブリンマー日本語教会員の方が、その子弟をこの日本語補習授業校に多く入学させている。

　日本人教会は、この他に日本人のための文化会館としても利用され、そこでお茶やお花等が行われていたのである。ブリンマー日本語教会がその施設を礼拝に利用しているブリンマー教会は、大きな教会施設であるので、その施設はコンサート等の文化事業にも利用されている。

　ところで、フィラデルフィア日本人教会では、バザーやアメリカの行事、病気の人に対するお見舞い等のケアや祈りを大切にし、牧師の説教の他に、時事放談を交えた信徒説教とも言える奨励を行っている。これは、円熟期にある高齢者に対応したものである。礼拝では、国際結婚した人が多いことに配慮し、牧師の説教や讃美歌は日本語であるが、説教の要約・奨励の要約・聖書講読等は英語も交えてバイリンガルで行われている。これは、アメリカにある日系人教会の特徴であり、アメリカ文化を踏まえたものである。国際結婚組が多いブリンマー日本語教会もこの点では同じであるが、日本語教会では、讃美歌は日本語と英語両方を用い、また、献金の祈りは英語で行っており、礼拝全体での英語の使用時間が日本人教会より長いという特徴を持っている。これは、日本語教会が日米両語による音楽礼拝を重視しており、英語使用時間が長いのはそのためである。奏楽は、オルガンの他にエレキギターやドラムを使い、若者が好む方法で行っている。また、視聴覚機器を使い、讃美歌や聖書の引用文や使徒信条を字幕に映し出して礼拝を行っている。牧師の説教は日本語であるが、アメリカ人にも分かるように牧師の説教の同時通訳も行っている。これもアメリカ文化を踏まえた対応と言える。

　最後に、社会生態的側面から、教会を見てみよう。

社会生態的側面

　1944年に創立された日本人教会の場所は、黒人街のクエーカー集会所であった。日米大戦という戦時下の非常時で、日系人にとってこの場所は人目につかないで怪しまれない好都合な場所であった。日米大戦の最中であるので、日系人が集まって集会を持つこと自体、スパイ活動等の嫌疑をかけられる可能性がある危険なことだったからである。それ故、日系人教会が創立された市内のこの場所は、目立たない場所であるという社会生態的条件を持っていたのである。このことについて、土山は、次のように述べている。

　　金田さんの住宅の下の2回は50人あまり収容できる集会室で、日曜日の午後は使用しておらず、交渉したら日本人の教会の伝道のために貸してくださることになりました。ここは黒人街にある黒人の集会所であり、戦時中に日本人が会合しても目立たないので好都合と考えました。（『教会だより』32号、9頁）

　2000年に、同じ長老教会に属する李起変牧師のブリンマー日本語教会が誕生したのも、フィラデルフィア日本人教会にとっては大きな変動であった。この教会は、日本人短期滞在者が多く住むラドウインアパートの近くに立地しており、そのアパートには、幼児を抱えた若夫婦が多く居住していたからである。その結果、この教会には、幼児期の子供のいる若夫婦が多く集まることになった。この影響で、同じ家族段階にあるフィラデルフィア日本人教会員の数人がブリンマー日本語教会に移動することになったのである。これは、同じ宗派の教会が、同じくフィラデルフィア市郊外に誕生するという社会生態的側面の変動であった。
　現在、フィラデルフィア日本人教会は、フィラデルフィア市郊外のオーバーブルックにあるが、この地域は、市内より治安が良いのである。フィ

ラデルフィア市内は、最初は、白人が多く住んでいたが、自動車の普及により移動が短時間でできるようになると、白人は、郊外に居住する人が多くなり、2000年には、市内は白人と黒人の比率がほぼ半々となり、黒人が多く住む町となってきたのである。低所得者や失業者が多い黒人の貧困層が市内の一定の地域に集合して住むことになり、その地域は治安が悪くなってきたのである。

それに対して、郊外は、白人等の中流層や富裕層が多く居住し、治安が良く教育条件も良い地域となってきたのである。

日系人達が、治安や子弟の教育条件の良い郊外に住む傾向があるというのも、この地域に日本人教会を選んだ理由となっている。また、この地は、市内にも比較的近くてアクセスしやすい好条件の地域にある。郊外にいる日系人にとってもまた市内にいる日系人にとってもアクセスしやすい郊外という社会生態的条件を兼ね備えた場所にあるのである。ブリンマー日本語教会もこの点では同じである。

(5) 宗教思想や説教が信徒に与える影響

さて、今度は、フィラデルフィア日本人キリスト教会やブリンマー日本語キリスト教会で語られる説教の面から、教会を見ていこう。日本語教会では、牧師だけが説教を担当しているので、日本語教会については、牧師の説教や牧会の方針を見ていくが、日本人教会は、現在、牧師の説教と信徒の奨励の2つのメッセージが語られているので、この両方の特徴をその宗教思想的教会史も踏まえて見ていくことにする。

独居老人や高齢者は鬱になりやすいので、そうした傾向に対する牧会的ケアを行うため、偉大な預言者エリアでさえも何でも自分でやろうとして鬱に陥ったが、神に全てを委ねると彼の鬱病が直った説教を行ったり、国際結婚組が多いので、古代イスラエルの族長が異民族の女性と結婚し、そ

の姑に仕えた話を行ったり、現在の不況の状況に対応するため、危機を好機に変えようというメッセージを奨励で行ったり、オバマ大統領が誕生すると、オバマ大統領の誕生とそれへの期待の話を奨励で行ったり、高齢化して若い層や中年のいない教会であるため後継者の育成を奨励で行ってみたり、信徒の信仰の心構えを説くため、神の結婚式に出席できた賢い婦人とそれができなかった愚かな婦人の聖書の箇所の話を説教で行ったりしている。この聖書の箇所の説教は、信仰の心構えのあるものとないものに分けられているので、カルヴァン派の「救いと裁き」の「二重予定説」を連想させる説教である。また、高齢者は病気に罹りやすいので、聖書の奇跡物語と祈りによる癒しの説教も行っている。祈りによる癒しは、島田牧師の時に顕著に見られた特徴である。このことについて、島田牧師は、1987年の総会報告で次のように述べている。

　わたくしたちの教会は、特に祈りといやしのために主から召されている教会です。私、牧師として、自慢でも何でもない、もっとも謙虚な気持ちで言うのです。昨年、数人のお方から違ったところで同じコメントを聞かされました。「なぜフィラデルフィア日本人教会ではコトが起こるのか。」「ここの教会は癒しが起こる」「祈りが聞かれるのですね、ここでは……」
　各教会にはそれぞれ特徴があり、伝道の方針が異なります。神の国はバラエティに富んでいる方がよい。ある教会は社会運動に専念するし、コミュニティに奉仕する教会あり、また救霊のみに集中する教会もあるでしょう。決して他を非難すべからず。同時にわたしたちは、己の召しにさらに忠実にならねばなりません。もし、この教会がキリストのいやしの業を放棄するなら、呪われたるかな！
　その意味では、この程度の癒しの業で満足していてはとてもハナシになりません。新約聖書の標準からするならば、私たちの間に起こってい

る奇跡は非常に初歩的なものに過ぎません。わたしたちはさらに聖霊様に満たされ、使徒行伝にあるようなキリストの御業を拝するようにならねばウソです。それにはもっとイエスの愛と聖霊の祈りに満たされ、牧師をはじめおのおのかえられねばならないと思います。

　88年、聖霊の飛躍がある。内に教会員が祈りに満たされ、外に伝道の道が大きく開かれています。祈って共に主の大いなる御業にたずさわりましょう。(1頁)

例えば、1990年12月発行の教会月報の『教会だより』の6号には、祈りによる癒しが、次のように掲載されている。

　私は医者からガンが有ると言い渡されました。その後、色々の検査あり、レディエーション、そして手術の予定でした。このようなことを言い渡され、不安の気持ちで私は毎日を過ごしておりました。お友達や会社の方々、教会の皆様よりたくさんのなぐさめのお言葉とお便りをいただきました。特に島田先生には時につけ熱心なお祈りをしていただき、心から感謝と神の命の癒しを待つばかりでございました。また教会の皆様より私のためのお祈りを心より感謝と、そしてありがとうございます。

　2ヶ月のレディエーションが終わる頃医者よりガンが消えて手術もしなくてよろしいと言われました。そして他の医者の先生も同じように。何とうれしいこと、主にいのちのいやしをいただき心より感謝です。ハレルヤ

　以前より私は主より御言葉をいただける時を待ち侘びておりましたので、何のこともございませんでした。

　いやされたその晩、主にお祈りと感謝、そして聖書を開いて見ました。そこには、線が引いてあり、「あなたがたの救われたのは、実に、

恵みにより、信仰によるのである。それは、あなた方自身から出たものではなく、神の賜物である。決して行いによるのではない。それは……」(エペソの2章の8節から10節)　私は初めて主からの御言葉をいただき、驚き、うれしく、感謝申し上げました。それから間もなく、証をしたらとの事。私には書きそうもありません。ある昼休み会社にてアッパールームを開いて私はびっくりしました。またも、主からのみ言葉です。「世界が本当に平和と希望の場であるように私たちひとりびとり積極的に証をすることを神は求めておられますと……」わかりました。その後、私は下手な文章で証を申し上げた次第です。主に感謝して、私たち一同に平安と喜びを与えて下さい。アーメン（7頁）

ところで、島田牧師は、上記のように祈りによる癒しを強調しているが、その癒しは、肉体の癒しにとどまるものではなく、心の傷を癒すものでもある。そのことについて、彼は、1991年6月発行の教会月報の『教会だより』の11号で、次のように述べている。

　イナー・ヒーリング（Inner Healing）とは、心の傷のいやしを意味します。この用語がポピュラーになったのは七〇年代の後半かと思います。既に亡くなりましたが、元大統領ジミー・カーターの妹であるルース・カーター・ステープルトンや元カトリック神父フランシス・マクナット、また同じくカトリックのデニス・リン、マシュー・リン、聖公会のベネット夫妻などが質の高い「イナー・ヒーリング」の教えを現代教会に導入しました。キリスト教会は彼らのおかげでどれほど豊かになったかわかりません。しかし、彼らに先立つこと数十年前、アグネス・サンフォードが「記憶のいやし」を教えたのが「イナー・ヒーリング」のオリジンであったと思います。
　人間の心は、その成長過程において、様々な傷を受けます。同じ家庭

で育っても兄弟では違った傷を受ける。姉と妹では感受性が違います。そして幼いときの心の傷は成長しても消えず、歪曲した性格の原因となっています。キリストを受け入れ聖霊に満たされることで、心の傷の大きな部分が癒されるのは恵みですが、しかし聖霊に満たされたからといってオートマティックに記憶のいやしが行われていると言うわけでもありません。

　イナー・ヒーリングとはキリストの愛を深く受け入れることです。クリスチャンだけど、教理をよく理解しているけど、どうしてこの人はこんなに冷たいのか。恵みめぐみと口にはするが、裁きしか感じない……。そんなクリスチャンが多すぎる。いや、私の中にも冷たい「氷点」みたいなのがあるでしょう。「氷点」というのは聖書の理解くらいでは消えません。聖霊の炎が要る。それも深く深く記憶の根元までいやされる必要があります。「傷」は「罪」という言葉に含まれているでしょうが、罪とはかなり意識的な行為であるのに、傷はそうでもない面がつよい。傷は幼いときにできるものが多い。

　意識的に我が子を傷つける親はあまりいないでしょうが、子供の感受性は非常に敏感で、親からの愛を充分に受けていないと感じるとき、子供の心に傷がつきます。傷は人によっては深く隠されています。いやされていない魂は、外側には「行い」によって自己治癒をはかります。いわゆる「頑張り」タイプです。自分はこんなにできるのだ、だから愛される価値があるということを無意識のうちに親イメージに向かって発信しているのです。クリスチャンにはこのタイプが非常に多い。神は愛だといいながら、その実「行」になっている。

　イナー・ヒーリングを深く体験していない信仰生活は知性中心になったり、また「行」になりがちです。

　ああ、物わかりの悪いガラテヤ人よ。十字架につけられたイエス・キリストが、あなたがたの目の前に描き出されたのに、いったい、誰があ

なた方を惑わしたのか。私はただ一つのことをあなた方に聞いてみたい。あなた方が御霊を受けたのは、立法を受けたからか、それとも聞いて信じたからか。あなたがたは、そんなに物わかりがわるいのか。御霊で始めたのに、今になって肉で仕上げると言うのか。(ガラテヤ 三・1-3)

「行」の信仰というのはきついですね。愛を知らないから肉の業、「行」に頼るのです。神様は愛です。十字架は愛の源泉。ここで記憶の傷はいやされる。イナー・ヒーリング、すなわち『記憶のいやし』というのは、キリスト・イエスが私の全人生に渡り、過去―現在―将来の全てをいやされる方であるという信仰です。これは精神分析の無意識のコンプレックスの解明というのともちがいます。イナー・ヒーリングは、意識・無意識の記憶の傷を聖霊によって光の中にもたらし、いやし主キリスト・イエスの愛による癒しを体験することで、キリストとのあたたかい交わりの中で行われます。精神分析はコンプレックスの解明というプロセスにいやしを求める医学的に価値のあるものですが、イナー・ヒーリングは医学ではありません。神と人間との出会いにいやしを求めます。

人間の過去は決して亡くならない。ベルグソンは「記憶論」の中で、人の知覚する初体験は全て記憶の中に貯蔵されていると説明します。日常生活の必要な部分だけが脳を通して膨大な記憶の海から取り出されますが、記憶の全体が消え去ったわけではない。それが証拠に、人間の死に際それまで膨大な記憶を管理していた脳が崩れだすと記憶の全体が洪水のように溢れ出し、蘇生した人がしばしば「一瞬のうちに自分の一生涯を全部垣間みた」、という体験をするのです。(3-5頁)

島出牧師による祈りの重要性のメッセージの影響は、島田牧師がこの教会を辞任した後も残り、日本人教会の信徒によって継承されていくことに

なったのである。この点について、当時の教会長老、Hは、次のように述べている。

　1991年7月31日に、私達、フィラデルフィア日本人キリスト教会は大きな曲がり角を曲がりました。表面的には、20年近く当教会を牧して来られた、島田先生が独立の伝道に専念される為当教会を離れられただけです。
　島田先生は、フィラデルフィア日本人教会の創立者ではありません。しかし、先生がこの教会に費やされたエネルギーと時間を考え、又この教会への寄与を考えます時、幾ら感謝しても余りあるものがあります。先生が、この教会を20年以上牧されている間に私達に教えられたことは、祈ることです。先生の聖書研究会は祈祷会と賛美の会です。これは私達に島田先生が残してくださった遺産です。徹底的に使いましょう。（『フィラデルフィア日本人キリスト教会1991年総会報告』、5頁）

　島田牧師ほど顕著ではないけれども、現在の教会でもこの傾向が見られるのである。
　また、神の家族という説教を行い、教会員は家族のような関係にあることをメッセージとして伝えている。日本人教会では、牧師の説教と奨励の両方のメッセージがあるが、これは、牧会は牧師のみが行う長老教会の原則と信徒説教を認める信徒の教会の原則の接合であると考えられる。牧会と奨励の両方が行われるようになったきっかけは、教会員の高齢化で教会員の子供達が大きくなり、子供達が教会にいなくなったために、子供の礼拝が必要なくなったからであった。
　それからは、子供の礼拝の代わりに奨励が行われるようになったのである。そうした、教会の年齢層の変化もあるが、この教会は、キリスト同信会という信徒主義の教会の影響も受けているので、そのことによる面も大

きいのである。この教会は、キリスト同信会の指導者である伝道師藤尾英二郎と親しく交流していたので、その影響による面も大きいと考えられる。同信会は、信徒説教を行っているからである。現在の柴川秀夫牧師やその牧師夫人柴川悦子は同信会の信徒出身で、藤尾英二郎の教えを受け継いでいるのである。

　ブリンマー日本語教会では、エジプトで奴隷労働をしていたユダヤ人が解放され、乳と蜜の流れる約束の地に導かれる自由の物語である出エジプト記を用いて、日本人の出エジプトを実現することを強調するグローバルな説教が行われている。これは具体的には、日本人クリスチャンの数を増やしていく伝道活動を意味している。この教会の李起変牧師は、日本人の短期滞在者に伝道する意味をそのように位置づけているのである。なぜなら、アメリカでクリスチャンとなった彼らが日本に帰り、教会に属して伝道活動を行うことにより、日本人のクリスチャンの数を増やすことに貢献すると考えているからである。これは、日本人ではない韓国人の立場から見たグローバルな発想である。彼は、第2次世界大戦中、韓国人は日本人に支配され、苛斂誅求を受け、酷い目に合わせられたが、キリスト教精神に立ち、恨みに対して徳で報い、日本人の救いのために働いているのであると、自己の伝道活動を位置づけている。この教会は、牧師中心の教会となっている。戦前韓国人は、日本人に支配されていたが、現在のこの教会では、逆に韓国人が日本人を指導し支配する形になっているのである。私見では、恨みに対して徳で報いるという崇高な面も確かにあるが、日本人に支配された民族が今は日本人を支配しているという面もあると考えられる。この教会では、信徒教育が重視されている。伝道できる能力のある信徒を、「羊を産める信徒」と表現している。スモールグループでの研修等の訓練により、信徒に伝道者としての能力を身につけさせようと努めている。牧師だけでは伝道活動に限界があるので、伝道できる信徒を増やし、牧師の伝道活動をサポートしてもらうことを目的にしている。若い力

を動員し、積極的に伝道活動を行っている。若い人が多いため、活気のある教会である。時には、若い人のニーズや親睦を深めるために、ボーリング等のレジャー活動も行っている。また、教会連合による特別伝道活動で、東海岸日本人教会連合の合同礼拝を行い、それによって決心者を増やしクリスチャンの数を増やす活動も行っている。牧師も自分の教会内のことばかりしていては視野が狭くなるので、研修会を行い、新たな刺激を受けることによって、活力に満ちた伝道活動を行うことができるため、牧師研修会の企画も行っている。今年は、その牧師研修会はハワイで開催され、苦労の多かった日本人移民の精神的支えになった日本人牧師の教会見学や日本人の真珠湾攻撃による犠牲者の多さの現実を直視し反省させられるという経験もしながら、研修講師の力に満ちた講演を聞いて東海岸の牧師達は研鑽を積んだのである。この企画は、李牧師の発案によるものであり、彼は教会内活動に留まらない、広い視野に立った活動ができる人である。彼は、こうしたオルガナイザーとしての才能を持っているのである。教会内の伝道活動に熱心であるばかりでなく、このような視野の広さがあることも、彼の魅力であり、これにより、若い信徒達を惹きつけていると考えられるのである。

　プリンストン神学校の系列に属する日本人教会は、自由主義的でエキュメニカルな面を持っている。そもそもこの日本人教会の教会員は、発足した当時、長老教会やメソジストやカトリック教徒等様々の教会出身者からなっていたので、始めからエキュメニカルな側面を持っていたのである。この教会の牧会を担当した歴代の牧師達も、長老教会出身ばかりではなく、メソジスト出身やキリスト同信会出身等もいて、多様な宗派の出身なのである。こうしたエキュメニカルな雰囲気のある自由な思想の雰囲気を持った教会である。だから、自由でエキュメニカルな側面を持つプリンストン神学校系列のアメリカ合衆国長老教会（PCUSA）に属しているのである。説教もそれを反映して、型にはまらない、時に応じ、状況に応じた

第5章　フィラデルフィアの日系人キリスト教会

自由な説教となっている。

　ウエストミンスター神学校の系列に属するブリンマー日本語教会は、カルヴァンの改革派教会の伝統にたち、聖書の御言葉に忠実なため、保守的で厳格な側面を持っている。保守的というのを、良い言葉で表現するならば、軟弱な信仰ではなく、筋金入りの敬虔な信仰に立っているということである。厳格な面とは、一つには、10分の1献金や信徒の教会所属を強調することに現れている。説教は、長老教会の信仰に忠実で堅実で手堅い側面を持っているが、最近の説教は、日本人教会の自由闊達な説教とは異なり、教会員の教会所属や教会奉仕や信徒訓練への参加等の義務を強調し、型にはまったものとなっている。これは、教会の方針が信徒訓練に置かれているので、それに対応したものであるが、そのことのみが強調されるため、「ねばならない」という面が強くなっている。「行為による救いの確証」がカルヴァン派の特徴でもあるので、この行為主義が前面に出ているとも言えよう。

　この教会の信徒訓練の方針以前の教会説教は、アメリカという地を前提にし、やがて日本に帰国する短期滞在者に伝道活動を行い、彼らをクリスチャンにし、彼らが日本で伝道活動を行うことにより、この地から日本人の救いを行っていくということが強調されていた。そこに、アメリカで日系人に伝道していく意味付けをし、またそうした使命を説いているのである。彼の説教には、こうしたグローバルな視野に立った発想が含まれているのである。現在の信徒訓練の強調は、こうしたグローバルな日本への伝道を揺るぎなくするためと共に、日本に帰国する信徒のみに伝道が偏ると、出入りの激しいこの教会の信徒を安定的に増やすことができなくなるので、現在は国際結婚組にも注目し、この信徒達を訓練することにより、アメリカ定住組の人達に伝道し、アメリカ定住組の信徒も増やしていこうという狙いもあるのである。

(6) フィラデルフィア日本語補習授業校との関係

　フィラデルフィア日本語補習授業校と上記のフィラデルフィア日本人教会との関係は、1985年にフィラデルフィア日本人教会を借りて、日本語補習授業校の授業が行われたことにより生まれたのであり、当時の日本人教会の信徒の子弟達の中には、この日本語補習校で学んだ人達も多かったのである。現在は、ブリンマー日本語教会の信徒の子弟の多くがこの学校で学んでいるのである。このように、日本語補習授業校は、上記の2つの日系人教会と密接な関係を持っているのである。本節では、このような理由から、この2つの日系人教会と密接な関係にあるフィラデルフィア日本語補習授業校を取り上げ、詳しく論じることにしたのである。では、以下、これについて見てみよう。

　フィラデルフィア日本語補習授業校は、1972年10月に開設された。初代校長は、藤原英夫で、場所は、37 Chesnut Streetにあったタバナクル長老教会を無償で借用して開始された。無償貸与になったのは、日本語に堪能なタバナクル教会の副牧師のBenjamin Wuの厚意によるものであった。この日本語補習授業校は、ペンシルヴェニア大学の日本人大学院生達の努力により設立された学校である。トヨタ等の企業により設立された授業校が多い中で、この授業校は、大学院生達によって生み出されたユニークな歴史を持つ学校だったのである。その後、1981年にペンシルヴェニア大学ベネットホール、1982年にスプルースヒルクリスチャンスクール、1985年にフィラデルフィア日本人教会と移転を繰り返し、1989年4月に現在の校舎であるフレンズスクールに落ち着くことになった。現在、フレンズスクールの校舎を土曜日のみ借りて授業が行われている。現在の校舎は、1101 City Avenue, Wynnewood, PA 19096に所在し、その事務所は、1445 City Avenue, Wynnewood, PA 19096に置か

第 5 章　フィラデルフィアの日系人キリスト教会　151

フィラデルフィア日本語補習授業校

れている。

　1973 年には、第 2 代の校長として西村　理が、1975 年には、第 3 代の校長として、元フィラデルフィア日本人教会の長老を務めていた早川和彌が就任する。早川校長在任の 1976 年に、外務省に海外子女補習授業校指定認定の交渉が開始され、1980 年にニューヨーク領事館より補習授業校の認定を受ける。その年、運営委員会が発足し、初代運営委員長として、朝倉稔生が就任する。校舎がペンシルヴェニア大学ベネットホールに移転した 1981 年に、文部省の海外子女教育振興財団の視察を受ける。1983 年に幼稚園部が発足する。1986 年には、成人向けの日本語クラスの前身となる特別カリキュラムコースが開講される。幼稚園部や日本語クラスには、現在、日本人以外の人達も受講している。1989 年には、理事会組織が発足し、初代理事長に嶋田高司が就任する。彼は、フレンズスクールの屋内体育館建設のために多額の資金を寄付したことで有名であ

る。理事会役員は、現在8名体制になっているが、この8名体制になったのは、1993年からである。理事会役員は、選挙により選出される。理事会が補習校の教育と運営に関する最終的意思決定機関となっている。理事会は、現在年6回開催されている。1990年4月には、補習校は、ペンシルヴェニア州から非営利団体として認可されている。この年から、補習校の財政が赤字にならないようにバックアップを行うファンドレイジング活動が開始されている。ファンドレイジング活動には、寄付金募集活動やバザー活動等があり、この年の目標金額は、10万ドルとなっている。また、この年には、北米東部現地採用教師の研修会のホスト校を担当するまでになっている。

　1992年6月には、合衆国政府から非営利団体として認可されている。1993年には、第4代の校長としてペンシルヴェニア大学名誉教授の高島士郎が就任する。高島は、フィラデルフィア日本人キリスト教会の会員でもある。彼の妻は、現在、この日本人教会の奏楽担当の長老であり、毎日曜日の教会の奏楽担当者のローテーション等の教会音楽関係の行事の責任を担っている。高島夫妻は、この日本人教会の熱心な信徒であり、奏楽のほか、家庭集会も行っており、フィラデルフィア郊外のスワスモア地区家庭集会の支柱を担っている。彼女は、日本の音大声楽科の出身であり、フィラデルフィア音楽関係者の知己も多く、この点が日曜礼拝の奏楽担当者を依頼する際に有利に作用している。フィラデルフィア日本語補習授業校アダルトコースの元校長であった日系2世のTに日曜礼拝奏楽担当の一端を担ってもらっているが、こうした奏楽者を得ることができるのは、彼女が、フィラデルフィアの音楽関係者、特に、日系人の音楽関係者に友人が多くいるからである。Tは、日本人キリスト教会の会員ではなく、クエーカー教徒であるが、高島夫人の友人でもあるので、日本人教会の奏楽奉仕を引き受けているのである。Tは、第2次世界大戦中に、収容所送りになるとき、クエーカー教徒の知人の尽力により、彼女の家屋等の不動

産が保全されたのである。ほとんどの日系人は、収容所送りになるとき、スーツケース2個のみ持つことを許され、後の財産はただ同然で没収された当時の状況を考えるとき、これは全く例外的なケースに属するのである。クエーカー教徒達が、戦時下の日本人をサポートしたケースは、日本人教会の箇所でも述べた通りであるが、こうしたクエーカー教徒達の愛の実践行為に対する尊敬と感謝の念から、Tのように、クエーカー教徒となる日系人も出てくることになったのである。現在の日本語補習校が毎週土曜日に借りて授業を行っているフレンズスクールは、クエーカー派の学校であり、そうした縁もあって、クエーカー教徒の日系2世のTは、この補習授業校のアダルトコースの校長を務めていたのである。日本語補習授業校初代理事長の嶋田高司は、このフレンズスクールの理事も務め、クエーカー教徒のお膝元であるフィラデルフィアのクエーカー教徒達との親密な交流を行っている。彼の経験によれば、クエーカー教徒は、重要事項を決めるとき、充分時間を取り、反対意見が出なくなるまで議論を行い、私は異論を持つが、この決定には反対しないというようになるまで議論を尽くし、多数決のような方法は決して行わないのである。これが、少数意見を尊重するクエーカー流の民主主義的方法なのである。彼によれば、クエーカーの集会は、いくつかの部会に分かれており、部会ごとに決めてきたことをリーダーが代表して全体集会で発表し、そこで議論を行って物事を決定しているのである。それぞれの部会のリーダーが優れた資質の持ち主であるからそれが可能となるのである（嶋田高司、195-205頁参照）。クエーカーの集会では、牧師は存在せず、皆が牧師の役目を務めている。ここでは、万人が牧師なのである。聖書の講読も讃美歌もなく、唯、神の御霊を待望して、人は沈黙して聖霊が語りかけるのを待つのである。彼らの経験によれば、被造物が沈黙するときにのみ、深い静けさの中で神の御霊の働きかけが行われるのである。クエーカーの集会では、唯、この御霊の働きかけを待望し、それが得られるまで沈黙して待つのである。筆者の

体験では、その集会は、40分位沈黙の時があり、その後に一人の人が発言し、続けて4人が発言を行ってその集会は終了となったのである。クエーカーの人達の話し合いでは、議論が尽きるまで議論をするので、その意思決定には多大の時間を要するが、それでも彼らはこうした方法を貫いてきているのである。

　現在、日本語補習授業校アダルトコースの校長である日系人のBは、クリスマス礼拝の時に、日本人教会で、クリスマスの讃美歌の独唱を行っている。日本の音大出身で声楽家であるBも、高島夫人の音楽関係の友人なのである。このように、自分たちの子女との関係もあり、日本人教会と日本語補習校の両方に関係している日系人もいるのである。高島が校長に就任した1993年に、かねてから文部省に陳情を行っていた教員が日本から派遣されることになった。初代派遣教員は、唐澤武彦であり、教頭として赴任している。派遣教員の基準は、日本に帰国予定の子女が100人以上のとき1人、400人以上のとき2人、800人以上のとき3人派遣されるという基準になっている。派遣教員以外の教員は、現地採用であり、この現地教員の3分の2が保護者で占められている。この現地採用教員の給料の半額を、日本政府が補助金として支給している。1994年10月には、バイリンガルアダルトコースが開設されている。この年には、日本語補習授業校の副担任制（アシスタント制）が導入されている。1995年には、日本政府より、日本語補習授業校の校舎使用料の補助金交付が開始されている。日本政府は、この補習授業校の校舎使用料の半額を補助金として拠出している。1995年には、第1回北米東部地区補習授業校理事長会議のホスト校の担当を行っている。1996年には、第2代文部省派遣教員として、斉藤輝三が赴任し、教頭に就任している。1997年には、この斉藤が、第5代校長に就任している。この年には、大村公男が第2代理事長に就任している。この年は、創立25周年を記念して、12月に創立25周年餅つき大会が開催されている。また、この年の12月には、補

習授業校の近辺に事務所が開設され、専任事務員の採用が行われている。1999年には、池田智彦が第3代理事長に就任している。この年には、第3代の文部相派遣教員として、梶田福好が赴任し、第6代校長に就任している。また、この年には、全員文集の作成が開始されている。また、補習授業校のロゴマークが制定されている。2001年には、高等部が設立されている。また、バイリンガルコースが、日本語コースに改名されている。2002年には、大野昌敏が第4代理事長に就任している。この年には、第4代の文科省派遣教員として、福田靖一が赴任し、第7代校長に就任している。また、この年には、創立30周年を記念して、カラー印刷の創立30周年イヤーブックが出版され、そのCD-ROM版も作成されている。2003年には、瀬戸昭彦が第5代理事長に就任している。この年には、創立30周年記念クラシックコンサートが開催されている。また、この年には、補習授業校のホームページのリニューアルが行われている。2004年には、鎌上　浩が第6代理事長に就任している。この年には、2学期制と中高生選択制の導入が行われている。2005年には、第5代の文科相派遣教員として、井伊一雅が赴任し、第8代校長に就任している。この年には、生徒会が発足している。2006年には、日本語アダルトコースが希望者急増のため4学級となり、その立志式が実施されている。2008年には、第6代の文科相派遣教員として、高山芳文が赴任し、第9代校長に就任している。現在は、小林俊一が第7代理事長職を務めている。

　次に、児童生徒数の変遷をみてみよう。フィラデルフィア日本語補習授業校が設立された1972年は、16名であった。それが1980年には、55名、81年には、44名、82年には、44名、幼稚部が発足した83年には、幼稚部55名、それ以外が55名となり、併せて100名になった。校舎がオーバーブルック日本人教会に移転された85年には、67名、日本語クラスの前身となる特別カリキュラムが開講された86年には、66名、斉藤敏夫が第2代運営委員長となった87年には、68名、初回の運動会や

学芸会が開催された88年には、85名、現在のフレンズスクールに移転した89年には、90名、非営利団体としてペンシルヴェニア州より認可された90年には、160名、91年には、181名、92年には、181名、非営利団体として連邦政府より認可された92年には、185名、唐沢武彦が初代文部相派遣教員として赴任した93年には、170名、アシスタント制が導入された94年には、169名、日本政府より校舎借用補助金が受給された95年には、188名、新入生父母対象オリエンテーションが開始された96年には、190名、創立25周年の97年には、210名、98年には、234名、ロゴマークが制定され、全員文集の作成が開始された99年には、226名、2000年には、210名、高等部が設立された2001年には、219名、創立30周年の2002年には、217名、2003年には、229名、2学期制及び中高生選択制が導入された2004年には、208名、生徒会が発足した2005年には、228名、希望者急増のため、日本語アダルトコースが4学級となった2006年には、254名、2007年には、276名、2008年現在、306名となっている。100名を超えた1990年から1996年まで多少の増減はあるものの上昇傾向を示し、1997年には、200名を超え、その後、多少の増減を経て、2008年現在で300名を超える規模に拡大してきている。

　日本語補習授業校沿革史と児童生徒数の変遷については、以下に、日本語補習授業校沿革史年表を添付資料として掲げておく。

　フィラデルフィア日本語補習授業校は、幼稚部・小学部・中学部を文部省派遣教員である校長が教育行政の責任を持ち、それ以外の高等部と日本語クラスは、文科相派遣教員ではない現地の日系人が校長として、その教育行政の責任を担う2本柱の構成となっている。

　日本語補習授業校の運営組織は、意思決定の最高機関である8人体制の理事会を筆頭に、その下に、校長と事務員からなる事務局、教員からなる教職専門委員会、児童生徒の父母から選出される業務委員会、父母会で

構成されている。これらの職種の担当業務は、フィラデルフィア日本語補習授業校の学校内規に詳述されているので、以下に、学校内規を添付資料として挙げておく。

　予算規模は、生徒数が170名の1993年には、134,041ドルであったのが、生徒数254名の2006年には、425,740ドルとなっている。2006年予算は、1993年の約3倍程度となっている。これは日本の全日制と変わりない規模である。日本語補習授業校の授業は毎土曜日のみの開講となっている。週5日制の日本の全日制と比べると、40日間でこの予算を使うので、かなり贅沢な予算消化であると言える。

　生徒の親は、企業派遣組・両親が日本人の移住組・夫婦のどちらかが日本人の国際結婚組からなり、最近は国際結婚組の生徒が増える傾向にある。この両親達の中には、製薬会社の研究員やペンシルヴェニア大学の研究員が多数含まれている。

　日本語補習授業校は、日本人学校ではないので、通知票はあるが、成績証明書は発行しないし、在籍証明の学籍管理も学習行動の結果の管理も行わない。高校から大学受験をするとき、日本語補習校で勉強したことは、大学受験のための書類には、特技のようなものとして挙げられるだけである。

　教科書は、日本で使われている標準教科書を用いている。この教科書は、日本から全部送られてくる。

　在校生は、フィラデルフィアから約100マイルの範囲から来ている。学区はもうけられていない。その範囲は、ペンシルヴェニア州・デラウェア州・ニュージャージー州まで及んでいる。

　2008年には、全米の派遣教員が一堂に会して協議を行う全米派遣教員会議がサンフランシスコのカリフォルニア大学バークレー校で開催された。全米では、日本語補習授業校は、85校以上あり、そのうち、派遣教員がいる補習校は33校となっている。全世界の日本語補習授業校は、

200以上あり、そのうち、派遣教員のいる日本語補習授業校は50校程度となっている。

　日本語補習授業校が今後発展していくためには、関連組織とのネットワークを緊密に行っていくことが必要である。その関連組織とは、主なものを挙げると、フレンズスクール・フィラデルフィア日本人会・フィラデルフィア日米教会・フィラデルフィア日本人キリスト教会やブリンマー日本語教会である。例えば、日本語教会の会員が、日本語補習授業校の業務委員長や父母会の会長をしているという形で、その協力関係が具体的に行われているのである。このように、日本語補習授業校は、日本人教会や日本語教会と緊密な結びつきを保っているのである。

沿革史と学校内規

フィラデルフィア日本語補習授業校　沿革史

年度	事項	幼	小	中	高	日	総数
1972	フィラデルフィア日本語補習授業校設立（10月） 初代校長　藤原英夫就任 校舎・タパナクル教会						16
1973	第二代校長　西村　理就任						
1975	第三代校長　早川和彌就任						
1978	外務省に海外子女補習授業校指定認定の交渉開始						
1980	ニューヨーク領事館より補習授業校の認定 運営委員会発足、初代運営委員長　朝倉稔生就任						55
1981	文部省、海外子女教育振興財団の視察 校舎・ペンシルヴェニア大学ベネットホールに移転						44
1982	校舎・スプールヒルクリスチャンスクールに移転						45
1983	幼稚部発足						55
1984							50
1985	校舎・オーバーブルック日本人教会に移転						67
1986	日本語クラスの前身となる特別カリキュラムコース開講						66
1987	第二代運営委員長　斉藤敏夫就任						68
1988	第一回　運動会開催（Valley Forge） 第一回　学芸会開催						85
1989	校舎・フレンズセントラルスクールに移転（4月） 理事会発足、業務委員会設立 初代理事長　嶋田高司就任 第一回バザー開催						90
1990	非営利団体として州より認可（4月） 広報部、学期毎の学校便りを発行 運動会をフレンズセントラルスクールで実施 年次報告書を作成し、配布開始 ファンドレイジング活動開始 第二回北米東部現地採用講師研修会ホスト校を担当						160
1991		37	115	14		15	181
1992	非営利団体として連邦政府より認可（6月）	36	105	12		12	165
1993	第四代校長　高島士郎就任 初代文部省派遣教員　唐沢武彦(教頭)赴任 日本語クラスをバイリンガルコースとして設立 補習授業校事務所を日本人教会に設置 リザーブファンドの開始	40	91	21		18	170

第 5 章　フィラデルフィアの日系人キリスト教会　161

年	出来事					
1994	アシスタント制導入 バイリンガルコース、アダルトクラスを開講（10月）	40	90	16		23	169
1995	日本政府より校舎借用補助金受給開始 第一回北米東部地区補習授業校理事長会議のホスト校を担当	40	97	19		32	188
1996	第二代文部省派遣教員　斉藤輝三(教頭)赴任 新入生父母対象オリエンテーション開始	44	95	19		32	190
1997	第二代理事長　大村公男就任 第五代校長　斉藤輝三就任 補習授業校事務所独立及び専任事務職員新規採用 創立25周年記念もちつき大会開催（1月） 創立25周年記念イヤーブック（カラー）作成	50	99	25		36	210
1998		46	102	30		56	234
1999	第三代理事長　池田智彦就任 第三代文部省派遣教員　第六代校長　梶田福好赴任 ロゴマーク制定 全員文集の作成開始	51	101	29		45	226
2000		50	88	28		44	210
2001	高等部設立 バイリンガルコースを日本語コースに改名	49	95	24	8	43	219
2002	第四代理事長　大野昌敏就任 第四代文科省派遣教員　第七代校長　福田晴一赴任 創立30周年記念イヤーブック（カラー印刷）、CD-ROM版の作成	50	94	24	5	44	217
2003	創立30周年記念クラシックコンサートの開催 第五代理事長　瀬戸昭彦就任 ホームページリニューアル	49	99	18	5	58	229
2004	第六代理事長　鎌上　浩就任　二学期制の導入、中高生に選択制導入	48	90	19	4	47	208
2005	第五代文科省派遣教員　第八代校長　伊井一雅赴任 生徒会発足	44	93	22	8	61	228
2006	日本語アダルトコース、希望者急増のため4学級、立志式実施	50	106	32	10	56	254
2007		56	122	29	16	53	276
2008	第六代文科省派遣教員　第九代校長　高山芳文赴任	64	133	29	17	63	306

※　1990年以前は、児童生徒数の総数のみが記録として残っている。

学　校　内　規

第1条　名称、目的、組織、準拠法
　　1項　名称
　　　　　本校の名称はJapanese Language School of Philadelphia
　　　　　（フィラデルフィア日本語補習授業校）とする。
　　　　　この後、内規についてはJLSPと呼ぶこととする。
　　2項　目的
　　　　　JLSPの主たる目的はフィラデルフィアおよび周辺地域に
　　　　　住む子供達に日本語の教育を提供することである。
　　3項　組織
　　　　1)　JLSPの運営を円滑に進めその目的を達成するため、
　　　　　　理事会、業務委員会、業務部会、教職専門委員会、
　　　　　　父母会、アルバム委員会およびクラスマザーを置く。
　　　　　　事務局は校長及び事務員からなる。
　　　　2)　JLSPは独立した組織であり、他の組織には属さない。

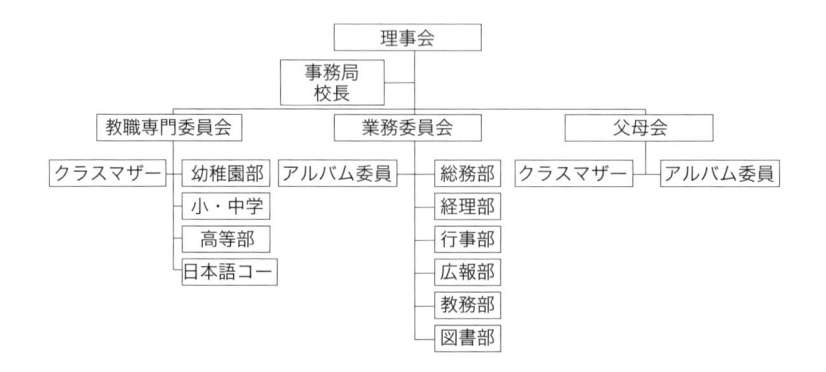

```
                              ┌──────┐
                              │ 理事会 │
                              └───┬──┘
                              ┌───┴──┐
                              │ 事務局 │
                              │ 校長  │
                              └───┬──┘
    ┌──────────┬──────────────┼──────────────┐
┌─────────┐            ┌─────────┐         ┌──────┐
│教職専門委員会│            │業務委員会│         │ 父母会 │
└────┬────┘            └────┬────┘         └───┬──┘
┌─────┬─┴────┐  ┌──────┬─┴──┬──────┐  ┌──────┬─┴────┐
│クラスマザー│幼稚園部│  │アルバム委員│総務部│      │  │クラスマザー│アルバム委員│
│          │小・中学│  │          │経理部│      │
│          │高等部 │  │          │行事部│      │
│          │日本語コー│  │         │広報部│      │
│                   │            │教務部│
│                   │            │図書部│
```

4項　準拠法
　　　本内規は、ペンシルベニア州の1972年非営利団体法及び連邦501(C)(3)に準拠する。

第2条　所在地と財政年度
　1項　所在地　及び登録場所
　　　JLSPはFriends Central School, 1101 City Avenue, Wynnewood, PA 19096に所在し、事務所は1445 City Avenue, PA 19096に置く。
　　　JLSPの所在地及び登録事務所は理事会の決定によりこれを変更することが出来る。
　2項　財政年度
　　　JLSPの財政年度は毎年4月1日から翌年の3月31日までの一年間とする。

第3条　理事会
　1項　権限
　　　理事会はJLSPの最高の意思決定機関であり、その運営に関し一切の責任と権限を有する。
　2項　理事会の役割
　　　1）　理事会はJLSP運営の基本方針を決定する。
　　　2）　主な業務は以下の通りである。
　　　　　①　教育方針の決定
　　　　　②　JLSPの代表としての対外窓口
　　　　　③　年間予算の決定
　　　　　④　年度末決算の承認
　　　　　⑤　寄付募集に関する基本方針の決定

⑥ JLSP学校内規の制定・改定
⑦ 文部科学省派遣教員の派遣依頼および受け入れ
⑧ 校長が選任する教員の任免
⑨ 教職専門委員会主事の任免
⑩ 教員給与規定の制定・改定並びに教員の待遇・給与の決定
⑪ 事務員の採用及び待遇・給与の決定
⑫ 校舎・設備利用に関する基本方針の決定
⑬ 奨学生規定の制定並びに奨学生選定委員会の選定する奨学生の承認
⑭ 理事長もしくは学校長名での感謝状の発行
⑮ 経理業務の監督・銀行小切手の署名
⑯ 余剰資金の運用・管理
⑰ 年次報告の作成

3項　理事
1) 理事会は8名の理事から成る。内3名は学校長、業務委員長、父母会長がこれを務める。残り5名はJLSP父母および保護者の投票により選ばれる。
2) 理事会における理事の互選により、理事長を1名置く。理事長は学校の代表者であり、理事会開催を招集し、議長として議事進行を務める。理事長は証書、抵当、契約、あるいは理事会によって決議された事項に関して、学校の名において署名する。
3) 父母により選任された理事から、人事担当、経理担当、渉外担当、およびファンドレイジング担当理事を置く。
4) 父母により選任される理事の任期は4月1日から翌々

年3月31日迄の二年間とし、重任を可とする。
5) 理事の選任は以下により行う。
① 隔年3月に父母の投票で選ばれる。
② 前年度理事は選挙管理者2名以上を指名する。
③ 選挙管理者は期間を定め、立候補者名に略歴を添えたリストを作成し、父母および保護者に1家庭1票の投票を求める。投票獲得数の多い順に当選とする。
④ 立候補者が定員以下の場合には信任投票を行う。有権者の50％を越える不信任がない限り信任されたものとみなす。
⑤ 選挙管理者は投票結果を公表する。
⑥ 理事が任期中にやむをえない理由により退任した場合は、理事会が後任を選任し、任期は退任理事の残存期間とする。
⑦ 理事は理事長または書記に書面で通知することにより、任期途中に辞任することが出来る。理事会が辞表を受理した時点で辞任は有効となる。理事会は辞表を拒否することが出来ない。
⑧ もし、理事が法廷において有罪の判決を受けた時、あるいは精神、肉体上健康でないと理事5名以上が判断した時、理事長はその理事を解任することが出来る。

4項　顧問

理事会の承認により顧問を置くことが出来る。

5項　理事会の開催と運営

1) 定例理事会を毎年最低4回開催する。理事会は原則

として公開する。
2) 過半数の理事の合意により臨時理事会を持つことができる。
3) 理事会では理事長が議長を務め、別途選ばれた者が書記を務める。
4) 理事会は理事5名以上の出席をもって成立し、出席者の過半数の合意により議決を行う。賛否同数の場合は理事長が決定する。
5) 理事会はその時々に定める場所において会合を開く。
6) 理事会が開催出来ない場合、理事全員の書面による合意で議決することができる。
7) 理事会の議事録を残し、会議終了後速やかに議決内容を公表する。
8) 理事会の開催の通知は少なくとも会合に指定された日の5日前に各理事に渡されねばならない。通知は時間、場所、協議事項を知らせる。
9) 各理事は1票の投票権を有する。

第4条　業務委員会
　1項　目的及び権限
　　　業務委員会は理事会の定める範囲内で、JLSPの日常業務の運営についての意思決定を行いJLSPの運営に責任を持つ。
　2項　主な業務
　　1) 業務委員会の予算案作成
　　2) 理事会で承認された予算の執行
　　3) 授業料の出納およびその他経理に関する業務

4) 教職専門委員会に対する補助
5) 学校施設什器・備品・図書の管理
6) 学校行事の企画・実施
7) 記録、連絡及び広報業務、並びに児童・生徒文集の編集・発行
8) 対外折衝（ホスト校、カウンティー、政府関係）の補佐
9) イヤーブック作成のため、アルバム委員会の支援と決定事項の承認

3項　業務部

業務委員会は6つの業務部からなる。各部の業務内容は以下のとおりであるが、本内容は業務委員会において随時変更することができる。

1. 総務部
   受付、コーヒー・ノート他の販売、教師会の準備、救急箱の管理
2. 経理部
   授業料の出納、経理業務の補佐
3. 行事部
   運動会や学芸会他学校行事の企画・運営
4. 広報部
   掲示板の管理、翻訳・通訳業務、補習校ウェブの管理運用
5. 教務部
   教職専門委員会への補助、教材のコピー・配布、式典の準備・運営
6. 図書部

図書室の運営・管理、什器・備品の管理、コピー機の管理、ブックセールの企画・運営

1) 生徒・児童の父母および保護者はいずれかの業務部会に属し、その運営に携わる。
2) 業務部の配属は業務委員会がこれを決定する。
3) 業務部の任期は4月1日から翌年3月31日までの一年間とする。業務委員会は所属業務部の変更の希望を父母および保護者から年1回受け付ける。業務委員会はその希望を基に翌年の配属を決定する。

4項　業務委員

1) 業務委員会は各業務部長・副部長、及び父母会長、校長の委員名で構成する。
2) 委員の互選により、業務委員会委員長を置く。業務委員長は理事を兼任する。業務委員長を補佐するために、業務副委員長を置くことが出来る。
3) 業務委員長の任期は、年度始めの引継ぎを円滑にするため、後期より一年間とし、重任を可とする。
4) 委員の任期は4月1日から翌年3月31日までの一年間とし、重任を可とする。

5項　選挙

1) 毎年3月に各業務部会は部員の互選により業務部長と副部長を選ぶ。部長は業務委員を兼任する。
2) 業務委員が任期中にやむをえない理由で退任する場合は同委員が部長を務める業務部の部員互選により、後任の委員を選出する。任期は3月31日迄とする。

6項　業務委員会運営

1) 業務委員会は、原則としてJLSPの学期中の第二土曜

日午前9時半から定例委員会を開く。会議は公開とする。
2) 業務委員長または過半数の業務委員の要請により臨時委員会を招集することが出来る。委員が出席出来ない場合は副部長または各業務部の代理が出席する。
3) 委員会では委員長が議長を務める。書記は輪番で行う。
4) 業務委員会は委員過半数の出席をもって成立し、出席者の過半数の合意により決議を行う。但し、賛否同数の場合は、業務委員長が決定する。
5) 委員会は議事録を作成し、会議終了後速やかに議事内容を各部長を通して各部員に配信する。

7項 奨学金選定委員
1) 奨学金の給付について、奨学金選定委員会を、校長・業務委員長・経理部長で構成する。奨学金選定委員会は奨学生の選定及び理事会への推薦を行う。
2) 奨学生の選定については、別途「奨学金規定」を定める。

第5条 教職専門委員会
1項 目的
1) 教職専門委員会は理事会の下で、JLSP の教育に関わる計画の立案・実施及び管理を行う。
2項 構成
1) 教職専門委員会は校長及び幼稚園部・小中学部・高等部・日本語コースに所属する主事、教師及びアシスタントから構成する。

2)　各部の主事は理事会が任命する。
3)　教師及び副担任は校長が選任し、理事会が任命する。
3項　業務
1)　当地の事情に即した教育課程を校長と共に作成・実施する。効果的な教育方法について研究する。
2)　生活及び学習面についての教育相談を行い、児童・生徒の健全な育成を支援する。
3)　日米両国の教育の現状についての情報を提供し、渡米時及び帰国時における児童・生徒の円滑な適用を助ける。

第6条　校長
1項　選任
1)　校長は文部科学省派遣教員がこれを務める。文部科学省派遣教員がない場合、理事会が校長を任命する。
2)　校長は理事及び業務委員を兼ねる。その責任に於いて実施したことを理事会に報告する。理事会、教職専門委員会および業務委員会に出席し、学校業務全般の連絡調整にあたる。
3)　任期は原則2年とする。
4)　校長の不在時には校長代理を置く。校長が選任し理事会に報告する。
2項　業務
1)　JLSPを代表した対外折衝窓口
2)　教職専門委員会と協議の上、教育課程を策定・実施する。
3)　教員の資質の向上に務める。そのための研修会を計

画・実施する。
    4) 教員を選任し理事会に任免を求める。教員の勤務状況を把握し監督する。
    5) 児童・生徒の転出入に伴う学籍の管理を行う。
    6) 進路指導及び教育相談に関すること。
    7) 事務室・什器・教材の管理
    8) 事務員の指導、監督
    9) JLSPの運営及び発展に寄与・貢献した個人・団体への感謝状の発行

第7条　事務局
  1項　目的
    以下の目的のためにJLSP事務室に事務局を置く。
    1) JLSPの日常業務の運営
    2) 理事会、業務委員会、教職専門委員会の調整および補佐
    3) 父母との連絡
    4) ホスト校、領事館、及び関連機関との連絡窓口
  2項　構成
    1) 事務局は校長と事務員から構成する。
    2) 事務員の採用、待遇については別途理事会で定める。
  3項　業務
    1) 経理担当理事の指導監督の下、日常経理業務全般
    2) 対外折衝としてのホスト校、領事館、関連機関等との連絡窓口
    3) JLSPの組織の取り纏めと運営の補佐
    4) 児童・生徒の入退学の受付と学籍の管理

5) 欠席児童・生徒の受付及びクラス担任への連絡
6) 校長の業務補佐
7) 緊急時の連絡窓口
8) 什器・教材・備品の保管、管理及び補充

第8条 父母会
　1項　目的
　　　父母会はJLSPの目的に沿い、本校で学ぶ児童、生徒が健全且つ充実した教育環境を得られるように父母の立場から学校運営を援助し、積極的にその支援の為に活動することを目的とする。
　2項　構成
　　　父母会は、JLSPに子弟をおくる父母及び保護者全員からなり、業務の責任者として父母会長を一名置く。また会長を補佐するために副父母会長を置くことが出来る。
　3項　総会
　　　年1回、父母会長選出のために父母総会を開催する。父母会長または父母の要請により臨時総会を招集することが出来る。父母会長が議長を務める。
　4項　選挙
　　1) 父母会長ならびに副父母会長は立候補者または推薦者の中から、父母総会において父母の過半数の投票により選任される。
　　2) 任期は4月1日より翌年の3月31日までの一年間とし、重任を可とする。
　　3) 任期途中に父母会長が辞任する場合は、父母総会を招集し後任を選出する。任期は3月31日までとする。

　　　　4）父母会長は理事を兼任する。
　5項　業務
　　　　1）父母の意見・要望を教育方針および教育活動の中に反映させる。
　　　　2）理事会・業務委員会と協力してファンドレイジングを行う。
　　　　3）学校視察等に訪れる訪問者を、校長と共に折衝にあたる。
　　　　4）父母相互の親睦および研鑽のために家庭教育学級や講演会を開催する。

第9条　アルバム委員会
　1項　目的
　　　　イヤーブック作成のためにアルバム委員会を置く。
　2項　構成
　　　　アルバム委員会は、クラス毎に父母または保護者から選出されたアルバム委員からなる。委員の互選により、イヤーブック作成の責任者としてアルバム委員長を一名置く。また委員長を補佐するために副委員長を置くことが出来る。
　3項　業務
　　　　1）学校予算を基にイヤーブックを編集・作成する。父母・保護者にイヤーブックを販売し代金の回収を行う。
　　　　2）予算管理・印刷業者の選定等について業務委員会に報告し、承認を受ける。

第10条　クラスマザー

1項　目的

健全な教育環境の確保と、教育方針の実現のために、クラス担任教員を補佐し、教員と父母および保護者の連絡を務める。また事務局その他の学校組織と連携して円滑な学校業務の推進を図る。

2項　構成

年間を3つの学期に分け、各クラスより父母および保護者の互選により選出する。業務の必要に応じてクラス毎に複数のクラスマザーを置くことが出来る。事務局では全クラスのクラスマザーの名簿を取り纏める。

3項　業務

1) 教育の補助及びクラス担任教員の支援
2) 学校行事運営の企画及び支援
3) 緊急時等の全家庭への連絡窓口
4) クラスの父母および保護者の意見・要望をまとめる。

第11条　年次報告（アニュアルリポート）

1項　目的

理事会は業務委員会および父母会の協力を得て年次報告を作成し父母・保護者、学校関係者、日本国政府に提出する。

2項　内容

年次報告は以下の項目を含む。

1) 年次報告作成年度の貸借対照表を作成し、学校の資産と債務およびそれらの運用の報告
2) 当該年度の決算報告及び次年度の予算案
3) 主な教育課程の実施に関する報告

4)　業務委員会の活動報告
5)　父母会の活動報告
6)　当該年度の理事の氏名および住所
7)　理事長方針

第6章　結び

　これまで論じてきたことをまとめてみよう。1章では、宗教的エートスを追究することを本論文の目的として設定した。日本のピューリタンの実践思想をこれまで研究してきたので、その研究との継続性を考慮し、フィラデルフィアの日系長老キリスト教会を研究対象に選定した。研究方法は、マックス・ヴェーバーの比較歴史社会学的方法とその現代版であるゲルト・タイセンの宗教社会学的方法を組み合わせて用いている。それにより、宗教思想や説教が信徒の社会生活に与える影響及び社会生活が宗教集団やその集団の宗教思想に与える影響にアプローチしている。この目的を達成するため、フィラデルフィアの歴史とその社会・フィラデルフィアと日系人との関係史・フィラデルフィアの宗教事情・フィラデルフィアの日系人キリスト教会を研究課題として設定した。研究データは、文献収集法・聞き取り調査法・インターネット検索法により収集した。

　2章のフィラデルフィアの歴史とその社会では、フィラデルフィアの沿革史と人口・産業・教育・文化について論じた。沿革史では、特に、クエーカー教徒のウィリアム・ペンの宗教思想とその植民と都市計画、アメリカ独立宣言及び独立戦争とその立役者であるベンジャミン・フランクリンやジョージ・ワシントンやトマス・ジェファソンや、奴隷解放を成し遂げたアブラハム・リンカーンについて論じた。社会では、フィラデルフィア一般の人口・産業・教育・文化と日系人の人口・シーブルック農産物加工工場での日系人労働・日本語補習授業校や日米協会や日本人会について論じた。産業では、特に、フィラデルフィアのシンボル産業である製薬企

業やバイオ産業のような生命科学関連企業について論じた。

　3章のフィラデルフィアと日系人との関係史では、フィラデルフィアで建造されたペリー提督の黒船艦隊・岩倉欧米使節団・日本政府のアメリカ独立百年記念博覧会への参加・新渡戸稲造や内村鑑三や野口英世とフィラデルフィアとの関係・日系人収容所入所とその解放後のニュージャージー州のシーブルック農産物加工工場での日系人労働体験と日本人コミュニティ形成やシーブルックからフィラデルフィアへの日系人の移住・日米協会とその協会主催の桜祭りや健康科学シンポジウム等の行事について論じた。

　4章のフィラデルフィアの宗教事情では、フィラデルフィアの宗教集団数・その地域的特性や社会的特性・その宗派的配分と宗派数・宗教集団の地理的配置・店先の教会と大教会の地理的配置及びその礼拝所の特徴やその会員の住居と礼拝所の地理的配置関係・宗教集団の周囲の社会問題を論じている。フィラデルフィアの現在の活動的な宗教集団数は、2,120である。宗教集団数は、移民の流入や宗教的優越性という指標で提示されるその都市の歴史的特性を表している。また、宗教集団数は、最近における宗教的成長の傾向性も表している。フィラデルフィア全体では、1,392の宗教集団の中に181の異なった宗派があり、平均すると、1宗派に8の宗教集団が存在しているのである。フィラデルフィアで最も多くの宗教集団を持っている宗派は、ローマカトリック教会で、その数は135で、全体の9.7％である。第2位は、長老教会で、その数は73で、全体の5.2％である。第3位は、ナショナルバプテスト教会と南部バプテスト教会で、その数は67で、全体の4.8％である。バプテスト教会は、その他に54あり、全体の3.8％を占める第6位のアメリカンバプテスト教会や、21あり、全体の1.5％を占める第10位の進歩的ナショナルバプテスト教会や、48あり、全体の3.4％を占める単立バプテスト教会等がある。これらのバプテスト教会は、20の異なった宗派に分かれ、その数は、併せて

320で、市全体の23%を占めている。第4位は、ユナイテッドメソジスト教会で、その数は58で、全体の4.2%である。第5位は、監督教会（エピスコパル教会）で、その数56で、全体の4%を占めている。第7位は、アメリカ福音ルター派教会で、その数39で、全体の2.8%である。第8位は、キリストの教会で、その数32で、全体の2.3%である。第9位は、アフリカンメソジスト監督教会で、その数24で、全体の1.7%である。第10位は、神の集会で、その数21で、全体の1.5%である。第11位は、会衆派のユナイテッド・チャーチ・オブ・キリストで、その数15で、全体の1.1%である。その他に、単立のキリスト教系集団とイスラムのモスク・ユダヤ教のシナゴーグ・仏教集団・非ユダヤ非キリスト教系のアジアの宗教集団・アフリカ宗教系の宗教集団の非キリスト教系集団がある。この他に、ユダヤ人人口が多いことが、フィラデルフィア市の特徴である。アメリカ商務省国勢調査局編の2003年の州別ユダヤ人人口では、ペンシルヴェニア州は、282,000人で全米5位となっている。35のシナゴーグのあるフィラデルフィア市は、ペンシルヴェニア州の中でも、特にユダヤ人人口の多い町なのである。ところで、宗教集団の地理的配置には、どのような特徴があるのだろうか。世俗の非営利組織が主要な高速道路に近接した地域に配置されているのに対し、宗教集団は、フィラデルフィア地域全体に配置されている。この点が、宗教集団の地理的配置の特徴である。宗教集団には、店先の教会と大教会とがある。前者は、会員数が少ないこと・小規模の予算・尖塔や大規模の礼拝所の欠如という特徴を持っている。前者は、小売店や問屋等の店舗や住居を模様替えして、そこで礼拝を行っている。後者は、会員数が1,000人規模で、年間予算が50万ドルに達し、充分な規模の建物を所有し、大会堂で礼拝を行っている教会である。前者は、あらゆる人がアクセス可能な主要な道路の近辺にあり、世帯の収入が2万ドル未満の低収入の住民が住む地域に存在している。後者は、居住者の収入や人種の別とは関係なく、フィラデルフィア市

の全域に配置されている。礼拝に参加する人々の居住地域を距離を指標に分類すると、居住者の住む地域に隣接する宗教集団・通勤圏内にある宗教集団に分けられる。通勤圏内にある宗教集団は、市内の通勤圏内にある宗教集団と郊外の通勤圏内にある宗教集団に分けられる。フィラデルフィアでは、居住者の住む地域に隣接した宗教集団が40.9％、市内の通勤圏内にある宗教集団が57.6％、郊外の通勤圏内にある宗教集団が7.8％となっている。市内の通勤圏内にある宗教集団は、比較的若い年齢層の人達の比率が最も高く、65歳以上の人達の比率が最も低いのである。居住者の住む地域に隣接した宗教集団と比べると、低収入の会員の比率が比較的少ないが、郊外の通勤圏内にある宗教集団と比べると、貧しい会員が格段に多いのである。郊外に通勤圏内にある宗教集団について見てみると、平均すると、67％の会員が郊外に居住し、17％がその宗教集団の1マイル以内に居住しているのである。郊外の通勤圏内にある宗教集団は、貧しい会員の比率が最も低く、たいていの会員は、家族の収入が75,000ドル以上なのである。宗教集団は、フィラデルフィア市中に満遍なく存在しているので、多くの宗教集団は都市の荒廃がもたらす社会問題に直面している。そこで起こっている主要な社会問題は、失業・公教育の質の問題・10代の妊娠・エイズ・住宅問題・公害・ギャングによる暴力の問題・リクレーションの機会の欠如である。これらの社会問題は、たいていの場合、単独で起こっているのではなく、一緒に随伴して起こっているのである。

　5章では、フィラデルフィアの日系人キリスト教会について論じている。フィラデルフィアの日系人キリスト教会には、64年の歴史を持つフィラデルフィア日本人キリスト教会と2000年に発足したブリンマー日本語キリスト教会がある。まず最初に、日系人の占める比率・年齢層・宗派の特性・教会政治・宗教指導者の国籍・会員数と予算規模・会員の居住地域と宗教集団との距離の7つの指標に基づき、2教会の概要を述べている。前者の教会は、礼拝出席者が現在ほとんど日系人によって占められている教

会であり、年齢層では、高齢者が多い教会である。思想的には、自由主義的で改革主義的な教会の潮流に属している。教会政治では、信徒中心的な教会である。宗教指導者については、日系人の牧師が説教や聖礼典等の牧会活動を行っている。後者の教会は、日本人がやや多いが、それ以外の人々も相当数出席している教会である。年齢層では、若い人が多い教会である。思想的には、保守的で伝統的な教会である。教会政治は、牧師中心的な教会である。宗教指導者については、韓国人の牧師が説教や聖礼典等の牧会活動を行っている。会員数や予算規模から見ると、両教会とも店先の教会に該当する。宗教集団と会員の居住地域との距離的関係で見ると、前者は、市内の地域の通勤圏内にある出席者もいるが、郊外の通勤圏内にある出席者の方が多い教会である。後者は、郊外にある通勤圏内にある出席者が大半を占める教会である。両教会とも、フィラデルフィア郊外にある教会であることが、この傾向性を助長している。次に、前者の教会の思想的系譜の神学校であるプリンストン神学校の自由主義的で改革的な特徴と、後者の教会の思想的系譜の神学校であるウエストミンスター神学校の保守的で伝統的な特徴について論じた。その後、本論の基軸である日本人教会と日本語教会を比較歴史社会学的方法を用いて論述している。日本人教会では、先ず、宗教指導者である牧師に焦点を当てて、牧師中心的視点から、日本人教会の概要と歴史について述べている。そこで、明らかになったことは、この教会は、その出発点から超教会的でエキュメニカルな傾向が強いという点である。このことは、カトリックからプロテスタントと色々な宗派の人達が信徒達の中にいた点や牧師達もメソジスト教会や長老教会の出身というように、一宗派に偏っていないという点によく現れている。

　次に社会生活が教会に与える影響を、社会経済的側面・社会政治的側面・社会文化的側面・社会生態的側面に分けて検討している。社会経済的側面では、教会財政の要である教会員の出自と会員数の変遷に着目して

分析を行っている。特に日系人1世の語りを中心にして、その出自の特徴を追究している。その特徴は、第2次大戦時に収容所に入れられ、それが契機となって西海岸から東部のフィラデルフィアに移住した人や収容所から解放後、ニュージャージー州のシーブルック農産物加工工場で働き、その後でフィラデルフィアに移住した人が多い点である。また、収容所行きの列車や収容所入所後に、隣人愛的活動を行っていた平和主義者のクエーカー教徒達にサポートされた体験を語っている点も見逃せない特徴なのである。彼らは、直接的には、自分たちの子供達が住んでいるので、フィラデルフィアに移住してきたのであるが、間接的には、クエーカー教徒のお膝元であるフィラデルフィアが、クエーカー教徒に助けられた戦時体験もあって、日系人にとって住みやすい場所であると考えたからでもある。また、教会員の中に、ライフサイエンス関係の研究者や会社員がいるのは、フィラデルフィアがライフサイエンス関係の企業が多く、特に世界の製薬関係の企業の8割が集中している町であるからである。社会政治的側面では、会員数の変遷と教会の運営組織の変化との関係に着目して分析を行った。それは、島田牧師の後半期から藤田牧師の時代で、バブル経済の時である。1989年に、長老会制度の他に執事会制度を新たに導入している。これは、この時に、教会員数が急に増えたために、それに対応するため、教会運営組織の変更が必要になったためである。社会文化的側面では、思想的寛容の精神に富むクエーカー的思想風土の影響やアメリカの行事の教会行事への採用や教会の礼拝における日米両語の併用や年齢層に対応した礼拝形式について論じている。社会生態的側面では、特に、市内よりも治安と子女のための教育条件が良い郊外に、日本人が多く居住しているため、日本人教会や日本語教会が郊外に設置されている点や2000年に同じ宗派のブリンマー日本語教会というライバル教会が郊外に発足した点が検討されている。これにより、日本人教会の若い会員が日本語教会に移るようになったのである。それは、日本語教会に若い会員が多いからで

ある。
　その後、宗教思想が説教や信徒に与える影響について論じている。ここでは、年齢層に訴える説教や自由で型に嵌らない説教やカルヴァン派に特有な説教が行われているのが、その特徴である。また、信徒中心的牧会の日本人教会、牧師中心的牧会の日本語教会という特徴もある。日本人教会では、幅の広い年齢層の信徒がいた島田牧師の時に、肉体的及び精神的癒しが強調されてきた経緯もあり、現在の柴川牧師も癒しを強調している。唯、現在は、高齢者が多いので、そうした点を考慮した癒しの説教が行われている。日本語教会では、出エジプトのようなグローバルな視野の説教が行われている。これは、野心に富む若者の心に訴える力を持つ説教である。日本人教会では、自由で新しい視点に立った型に嵌らない説教が行われている。これは、円熟期の中高年齢者のニーズに合った説教である。日本人教会では、牧師の説教の他に信徒による奨励が行われている。これは、時事放談に近い話が多く、これも中高年齢層の欲求を満足させるものとなっている。日本人教会には、牧師による牧会という長老主義と藤尾英二郎の同信会的影響による信徒中心主義が同居しているため、牧師の説教と信徒の奨励という2つの説教のスタイルが行われているのである。また、日本人教会では、「救われる人」と「滅びる人」というカルヴァンの「二重予定説」を連想させる説教が行われている。日本語教会では、信仰に基づく行為実践や自己を神の道具と見なす点や復讐は神に委ね、復讐しないで恨みに対して徳で応える点が強調されている。これらの点は、カルヴァン派やピューリタンに特有の傾向性なのである。年齢層に対応しているとは言え、両教会の牧師の思想に基づく説教が信徒に与える影響の一端がここに如実に現れているのである。ブリンマー日本語教会は、李起変牧師が2000年に創立した教会である。創立年がまだ浅いので、教会員の係はあるが、役員会や総会はなく、宗教法人化も行われていない。現在は、ブリンマー長老教会に所属し、この長老教会の総会に出席するというスタ

イルが採られている。現在は、牧師を助け、伝道を行う力のある信徒を養成するため、信徒訓練に力を入れている。信徒に、若い人や若夫婦が多いので、子供のための教会学校や保育が行われている。国際結婚組が多いので、説教は日本語で行われているが、英語の同時通訳も行われている。献金の祈りは英語で行われている。また、教会学校の説教は、日本語で行われている場合と英語で行われる場合の両方がある。讃美歌は、日米両語を併用し、奏楽は、オルガン・エレキギター・ドラムによる若い人向けの演奏形式が採られている。信徒の中には、短期滞在者がいるので、日本に帰国する者も多く、出入りの激しい教会である。国際結婚をしている永住組に伝道し、安定的な信徒数を獲得するのが今後の課題である。現在、この課題を達成するため、教会からかなり遠方にあるランカスター伝道に取り組んでいるところである。

　フィラデルフィア日本語補習授業校と両教会の関係は、両教会の子弟が日本語補習授業校の卒業生や在校生である点及び両教会の教会員がこの学校の校長に就任したり、現在の父母会会長や業務委員長を務めており、そういうやり方で、この日本語補習授業校の運営に参加している点にある。現在、フレンズスクールで授業を行っているが、かつては、現在の日本人教会で授業が行われ、また、その事務所もこの教会に置かれていたのである。このように、歴史的経緯と現在の参加協力体制により、フィラデルフィア日本語補習授業校と両教会は、緊密な関係を保っているのである。

　以上のように、フィラデルフィアの２つの日系人教会は、フィラデルフィアの思想風土や地域性やアメリカ文化の影響を受けながら、独自のエートスを形成してきたのである。両教会は、今後も、新たな視点を取り入れながら、さらなる発展を遂げていくと考えられる。

参考文献

N. D. S. Botchwey, Taxonomy of religious and secular nonprofit organizations: Knowledge development and Policy recommendations for neighborhood revitalization. Ph.D. dissertation. University of Pennsylvania, Department of City and Regional Planning, 2003.

Bradley J. Longfield, *The Presbyterian Controversy: Fundamentalists, Modernists, & Moderates*, Oxford University Press, 1991.

Chrles H. Harrison, *Growing A Global Village: Making History at Seabrook Farms*, Holmes & Meier Publishers, Inc. 2003.

Cheryl L. Baisden, *Images of America: Seabrook Farms*, Arcadia Publishing, 2007.

C. Woolever and D. Bruce, *A Field Guide to U.S. Congregations: Who's Going Where and Why*, Louisville, Ky.: Westminster John Knox, 2002.

Donald B. Kraybill, Photographs by Daniel Rodriguez, *The Amish of Lancaster County*, Published by StackpoleBooks, 2008.

Edited with an Introduction and Notes by Ormond Seavey, *Benjamin Franklin Autobiography and Other Writings*, Oxford University Press, 1993.

Edwin H. Rian, *The Presbyterian Conflict*, Orthodox Presbyterian Church, Reprinted by The Committee for the Historian of the Orthodox Presbyterian Church, 1992.

Edited by John Andrew Gallery, Photographs by Tom Crane, Sacred Sites of Center City: A guide to Philadelphia's historic churches, synagogues and meeting houses, PAUL DRY BOOKS, INC. Philadelphia, 2007.

Essays by John Andrew Gallery, *The Planning of Center City Philadelphia: from William Penn to the Present*, The Center for Architecture, Inc. Philadelphia, 2007.

Japan America Society of Greater Philadelphia, *An Historic Guide to Philadelphia & Japan*, Published by the Japan America Society of Greater Philadelphia, 1999.

John A. Moretta, *William Penn and the Quaker Legacy*, Pearson Education, Inc., 2007.

Douglas Root, Photography by Jerry Irwin, *Compass American Guides: Pennsylvania*, Compass American Guides Animprint of Forders Travel

Publication, 2003.
John M. Seabrook, *Seabrook Educational and Cultural Center: The Henry Ford of Agriculture*, Seabrook Educational and Cultural Center, Inc., 1995.
Jonathan A. Saldel, with Marisa Waxman, Anthony Di Martino, *Philadelphia: A New Urban Direction*, Second Edition, Saint Joseph's University Press, 2005.
Max Weber, *Gesammelte Aufsätze zur Religionssoziologie I*, Verlag von J. C. B. Mohr, 1920.
Max Weber, *Wirtschaft und Gesellschaft*, Verlag von J. C. B. Mohr, besorgt von J. Winckelmann, 1972.
Ram A. Cnaan, with Stephaniec. Boddie, Charlene C. McGrew, and Jennifer J. Kang, *The Other Philadelphia Story: How Local Congregations Support Quality of Life in Urban America*, University of Pennsylvania Press, 2006.
Roger W. Moss, Photographs by Tom Crane, *Historic Sacred Places Philadelphia*, University of Pennsylvania Press, 2005.
Select Greater Philadelphia, *The Evolution of Innovation: 2008 Regional Report*, Select Greater Philadelphia, 2008.
Westminster Theological Seminary, *Westminster Theological Seminary: Academic Catalog 2008-2009*, Westminster Theological Seminary, 2008.
William K. Selden, *Princeton Theological Seminary: A Narrative History 1812-1992*, Princeton University Press, 1992.
Rel R. Noguchi, *Seabrook Educational and Cultural Center: Preserving The Rich Multicultural History of Seabrook*, New Jersey, 1994.
アメリカ大使館編「米国製造業の中心地域」2007年。
合衆国商務省センサス局編、鳥居泰彦監訳『現代アメリカデータ総覧　2007』柊風舎、2008年。
監修　James W. Baker　文　志茂望信　写真　Plimoth Plantation, Inc.『メイフラワー号プリマス開拓村』燦葉出版社、2000年。
栗林幹生「フィラデルフィア科学大学と医薬産業政策研究所との懇談会の開催」『製薬協ニューズレター』121号、2009年。
ゲルト・タイセン、荒井　献・渡辺康麿訳『イエス運動の社会学』ヨルダン社、1981年。
在ニューヨーク日本国総領事館編「在留邦人数統計」2007年。
在ニューヨーク日本国総領事館編「各州と日本の関係」2007年。
嶋田高司『成功の主役は「脇役」だった―私のアメリカン・ドリーム』早稲田出版、2008年。

参考文献　187

高田仁「地域におけるバイオ産業振興システムの分析―米国ペンシルベニア州サイエンスセンターを事例として―」第 21 回研究・技術計画学会年次学術大会、2006 年 10 月。

フィラデルフィア日本語補習授業校編『フィラデルフィア日本語補習授業校　創立 25 周年記念誌』フィラデルフィア日本語補習授業校、1998 年。

フィラデルフィア日本語補習授業校編『平成 20 年　フィラデルフィア日本語補習授業校　学校要覧』フィラデルフィア日本語補習授業校、2008 年。

フィラデルフィア日本人キリスト教会編『フィラデルフィア日本人キリスト教会 1987 年総会報告』フィラデルフィア日本人キリスト教会、1988 年。

フィラデルフィア日本人キリスト教会編『フィラデルフィア日本人キリスト教会 1989 年総会報告』フィラデルフィア日本人キリスト教会、1990 年。

フィラデルフィア日本人キリスト教会編『フィラデルフィア日本人キリスト教会 1991 年総会報告』フィラデルフィア日本人キリスト教会、1992 年。

フィラデルフィア日本人キリスト教会編『フィラデルフィア日本人キリスト教会 1992 年総会報告』フィラデルフィア日本人キリスト教会、1993 年。

フィラデルフィア日本人キリスト教会編『フィラデルフィア日本人キリスト教会 2001 年総会報告』フィラデルフィア日本人キリスト教会、2002 年。

フィラデルフィア日本人キリスト教会編『フィラデルフィア日本人キリスト教会 2002 年総会報告』フィラデルフィア日本人キリスト教会、2003 年。

フィラデルフィア日本人キリスト教会編『フィラデルフィア日本人キリスト教会 2006 年総会報告』フィラデルフィア日本人キリスト教会、2007 年。

フィラデルフィア日本人キリスト教会編『フィラデルフィア日本人キリスト教会 2007 年総会報告』フィラデルフィア日本人キリスト教会、2008 年。

フィラデルフィア日本人キリスト教会編『フィラデルフィア日本人キリスト教会 2008 年総会報告』フィラデルフィア日本人キリスト教会、2009 年。

フィラデルフィア日本人キリスト教会編『教会だより』4 号、フィラデルフィア日本人キリスト教会、1990 年 10 月。

フィラデルフィア日本人キリスト教会編『教会だより』6 号、フィラデルフィア日本人キリスト教会、1990 年 12 月。

フィラデルフィア日本人キリスト教会編『教会だより』7 号、フィラデルフィア日本人キリスト教会、1991 年 1 － 2 月。

フィラデルフィア日本人キリスト教会編『教会だより』8 号、フィラデルフィア日本人キリスト教会、1991 年 3 月。

フィラデルフィア日本人キリスト教会編『教会だより』11 号、フィラデルフィア日本人キリスト教会、1991 年 6 月。

フィラデルフィア日本人キリスト教会編『教会だより』32 号、フィラデルフィア日本人キリスト教会、1993 年 10 月。

フィラデルフィア日本人キリスト教会編『教会だより』59 号、フィラデルフィア日本人キリスト教会、1996 年 12 月。

フィラデルフィア日本人キリスト教会編『教会だより』60 号、フィラデルフィア日本人キリスト教会、1997 年 1 月。

フィラデルフィア日本人キリスト教会編『教会だより』101 号、フィラデルフィア日本人キリスト教会、2004 年 4 月。

藤原孝男「フィラデルフィア・バイオクラスターにおける製薬企業拠点から ベンチャーとの連携型ハイブリッド拠点への変換について」(http://www.jaist.ac.jp/coe/library/jssprm_p/2005/pdf/2005-2E17.pdf)。

吉田 亮編『アメリカ日本人移民の越境教育史』第 8 章、東 栄一郎「二世の日本留学の光と陰―日系アメリカ人の越境教育の理念と矛盾」日本図書センター、2005 年。

川上周三（かわかみ　しゅうぞう）

1949 年	岐阜県に生まれる
1979 年	名古屋大学大学院文学研究科博士課程中退
現　在	専修大学人間科学部教授
専　攻	宗教社会学、政治社会学、現代社会学理論
著　書	『現代に生きるヴェーバー』（勁草書房、1993 年）、『攻撃衝動の社会学―ニーチェ・ヴェーバー・タイセン―』（勁草書房、1996 年）、『資本主義経済システムの光と影―システム論からヴェーバーを解く―』（新泉社、1998 年）、『ヴェーバー社会科学の現代的展開―グローバル化論との結合の試み―』（専修大学出版局、2006 年）
論　文	「浅草の宗教と社会―三社祭を中心にして―」（『専修大学人文科学年報』、第 32 号、2002 年所収）、「宗教とグローバル化―文化変容の問題を中心にして―」（『専修大学人文科学年報』、第 35 号、2005 年所収）、「賀川豊彦の社会思想とその実践及びその現代的展開―協同組合論を中心にして―」（『専修大学人文科学年報』、第 36 号、2006 年所収）、「ピューリタン系譜の社会思想家の比較研究―マックス・ヴェーバー、賀川豊彦、タルコット・パーソンズ―（上）」、『専修大学人文科学研究所月報』、第 232 号、2008 年 1 月号所収）、「ピューリタン系譜の社会思想家の比較研究―マックス・ヴェーバー、賀川豊彦、タルコット・パーソンズ―（下）」、『専修大学人文科学研究所月報』、第 233 号、2008 年 2 月号所収）

フィラデルフィアの宗教とその社会
―― 日系アメリカ人キリスト教徒の物語を中心にして

2010 年 7 月 20 日　第 1 版第 1 刷

著　者	川上　周三
発行者	渡辺　政春
発行所	専修大学出版局 〒101-0051　東京都千代田区神田神保町 3-8 ㈱専大センチュリー内 電話　03-3263-4230㈹
組　版	木下正之
印　刷 製　本	藤原印刷株式会社

Ⓒ Shuzo Kawakami 2010　Printed in Japan
ISBN978-4-88125-247-5